혁명가 붓다

일러두기

1. 인명과 지명은 외래어표기법에 맞춰 표기했고, 이해를 돕기 위해 필요한 경우 산스크리트어와 한자를 병기했다.
2. 본문에 포함된 사진은 정토회가 매년 진행하는 '법륜스님과 함께하는 인도성지순례' 사진 가운데 중요 성지를 담았다. (사진 박세환)

혁명가 붓다

붓다의 시선으로, 그의 삶으로

법륜 지음

정토출판

머리글

혁명가 붓다를 만나다

　부처님은 지금으로부터 약 2600년 전, 인도 대륙에서 태어나 살다 가신 분입니다. 그런데 오늘날 우리가 왜 다시 그분의 삶을 돌아볼 필요가 있을까요? 자유 민주주의 사회에서 살아가는 우리는 개인의 인권이 보장되고 성별이나 인종, 계급에 따른 차별이 없는 세상을 당연하게 여기고 있습니다. 그러나 2600년 전 당시의 현실은 지금과는 전혀 달랐습니다. 여성은 평생 남성과 엄격한 주종 관계로 차별받았으며, 사회는 신분 계급에 따른 차별이 철저했습니다. 개인의 인권 개념도 희박했고 최소한의 생존권조차 보장받지 못하는 이들이 많았습니다.

그 시대의 사람들은 운명이 신의 뜻에 따라 결정되거나 전생에 지은 업에 의해 정해진다고 믿었습니다. 이러한 운명론적 사고방식 속에서 사람들은 신에게 공양을 올리고 제사를 지내 신의 은총을 받는 것이 고통에서 벗어나는 유일한 방법이라 여겼습니다.

부처님도 이러한 시대적 배경 속에서 성장했습니다. 그러나 열두 살 무렵, 아버지를 따라 농경제에 참가한 그는 새가 벌레를 쪼아 먹는 모습을 보고 '하나가 살기 위해서는 왜 다른 하나가 죽어야 하는가? 함께 살아갈 방법은 없을까?'라는 의문을 품게 되었습니다. 또한 가혹한 착취에 시달리는 농부들을 보며 '한 사람의 풍요를 위해 왜 다른 사람이 희생해야 하는가? 모두가 함께 행복해지는 길은 없는가?'라는 고민에 빠졌습니다.

그는 이러한 질문을 스승에게 던졌으나 돌아온 답변은 "쓸데없는 생각이다. 경쟁에서 이겨야만 살아남을 수 있다"는 것이었습니다. 당시 교육이란 어떻게 하면 승자가 될 수 있는지를 가르치는 것이었고, 패자는 희생이 당연한 존재였습니다. 이에 부처님은 삶의 진실을 찾기 위해 출가했고, 깊은 수행을 통해 '세상의 모든 것은 서로 연관되어 있다'는 진리를 깨달았습니다. 당시 만연했던 '욕망을 따라야 한다'는 주장과 '욕망을 억제해야 한다'는 극단적 가르침을 넘어, 그는 '욕망을 있는 그대로 알아차리는 길'인 중도를 제시했습니다.

더 나아가 부처님은 태생적으로 남성은 우월하고 여성은 열등하다거나, 사제 계급은 신성하고 노예 계급은 천하다는 당시의 사회적 통념이 사실이 아님을 제시했습니다. 우리가 잘못된 허위의식에서 벗어날 때 비로소 진실을 볼 수 있으며, 누구나 평등한 존재임을 깨닫게 된다고 가르쳤습니다. 부처님은 운명이 신에 의해 결정되거나 전생의 업에 따라 정해져 있는 것이 아니라, 무지에서 벗어나 깨달음을 얻음으로써 모든 고통에서 자유로워질 수 있음을 설파했습니다.

오늘날의 시각에서 보면 성차별과 계급 차별이 없는 것이 당연하지만 당시 인도 사회에서 이러한 가르침은 기존의 사회질서와 믿음을 송두리째 뒤흔드는 것이었습니다. 그렇기에 저는 부처님을 '위대한 스승'에서 세상을 뒤흔든 '혁명가'라 부르고 싶습니다. 이러한 관점에서 저는 '인간 붓다, 그 위대한 삶과 사상'이라는 이전에 지은 책의 제목을 이번에는 부처님이 시대적 한계를 뛰어넘어 새로운 세상을 열어 보인 혁명가였다는 점을 강조하며 '혁명가 붓다'라고 바꾸기로 했습니다.

부처님의 가르침은 단순히 개인의 깨달음에 그치지 않고 당시 인도 사회에서 점점 많은 사람들에게 받아들여졌습니다. 아소카왕 시대에는 주류 사회에까지 큰 영향을 미쳤습니다. 그러나 시간이 흐르면서 인도 사회의 봉건제가 점점 강해지고 계급 차별과 성차별이 심화되자 불교 역시 시대적 흐름에 물들어 부처님의 근본 가르침에서 점차 벗어나기 시작했습니다. 본래 불교는 어리석은 마음을 깨우쳐 해탈과 열반을 성취하는 가르침이었습니다. 그러나 점차 개인의 자유와 행복보다는 복을 빌거나 죽은 후 좋은 곳에 가는 것을 중시하는 종교적 성격이 강해졌습니다. 그 결과, 출가 수행자는 제사장으로 역할이 변하고, 재가 수행자는 복을 비는 단순한 신도가 되어 기존의 다른 종교와 별 차이가 없어지게 된 것입니다.

오늘날 우리는 물질적으로는 풍요롭지만 정신적으로는 점점 피폐해지고 있습니다. 이 시대에 필요한 것은 복을 비는 종교로서의 불교가 아니라, 부처님이 현실 속에서 깨달은 지혜를 배우고 그것을 실천하는 수행자로서의 삶의 방식입니다. 부처님이 고통받는 사람들과 나눈 대화 속에서 전한 구체적인 가르침은 현대 문명이 직면한 문제, 즉 인간성 상실, 공동체 붕괴, 자연환경 파괴 등의 위기를 극복하는 데 중요한 통찰력을 제공합니다.

  따라서 이 책에서는 불교의 사상 그 자체보다는, 부처님의 삶을 통해 그가 당대의 사회와 역사적 현실 속에서 어떻게 자신의 지혜를 펼쳐 나갔는지를 살펴보고자 합니다. 독자 여러분도 이 책을 통해 부처님의 삶을 돌아보며, 그의 가르침이 오늘날 우리가 직면한 문제를 해결하는 데 어떤 통찰을 제공할 수 있는지 고민해 보기를 바랍니다. 그리고 현대 문명의 한계를 극복하는 새로운 시각을 얻는 데 조금이라도 도움이 되기를 바랍니다.

2025년 4월 서울에서

차례

머리글　혁명가 붓다를 만나다　　　　　　　　　　5

1장　풍요로운 삶 속에서 고뇌하다
붓다의 탄생 ──────────────── 17
인도의 자연환경과 시대적 상황 ──────── 28
청년 싯다르타의 고뇌 ──────────── 42

2장　싯다르타, 세상의 참모습을 깨닫다
싯다르타의 고행 ──────────────── 61
깨달음의 성취 ──────────────── 77

3장　중생을 구원하기 위해 전법에 나서다
전법의 시작, 초전법륜 ─────────── 97
전법의 기반 마련 ────────────── 112
위대한 제자들의 귀의 ──────────── 126

4장　모든 인간은 평등하다

여성은 세상의 절반　　　　145
평등과 자비의 전법　　　　159
평화를 위한 발걸음　　　　175
비난과 모함에도 당당한 길　　　　190

5장　고뇌에서 벗어나면 내가 곧 부처다

노병사에 걸림 없는 자유, 열반의 길　　　　209
교단 형성과 불법 전파의 역사　　　　229
고뇌에서 벗어나면 내가 곧 부처　　　　244

1장

풍요로운 삶 속에서 고뇌하다

바라나시의 갠지스강

붓다의 탄생

우리의 괴로움을 들여다보다

사람들은 가족이나 친구 사이에 종교와 정치 얘기는 되도록 하지 말라고 합니다. 잘못 이야기하다가는 서로 의견이 달라 다투게 되기 때문이죠. 하지만 저는 오늘 여러분과 종교, 그중에서 불교에 대해 이야기해 보려고 합니다. 여기서 제가 이야기하고 싶은 불교는 종교로서의 불교가 아니라 한 수행자로 살다 간 인간 붓다에 대한 것입니다.

제가 왜 2600년 전 사람을 지금 이야기하려고 하는지 여러분은 의아해 할 수도 있습니다. 2600년 전에 살다 간 붓다를 이야기하는 이유는 당시 붓다가 가진 삶에 대한 문제의식과 현대인들이 가진 문제의식에 유사한 면이 있기 때문입니다. 그래서 붓다의 삶을 들여다보면 우리가 가진 문제를 푸는 데 도움이 되지 않을까 해서 수행자 붓다에 대해서 이야기를 나누고자 합니다.

오늘날 우리는 물질적으로 매우 풍요로운 환경에서 살고 있습니다. 그래서 100년 전 사람들이 지금의 우리를 본다면 왜 괴로워하는지 이해할 수 없을 거예요.

'먹을 게 없나? 입을 게 없나? 잠잘 데가 없나? 나무를 때서 밥하는 것도 아니고, 냇가에 가서 빨래하는 것도 아니고, 먼 길을 걸어 다니는 것도 아닌데, 도대체 무엇 때문에 괴로운가?'

이렇게 의문을 가질 겁니다.

그런데 우리는 아직도 모든 게 다 갖춰져 있다고 생각하지 않습니다. 과거에 비해 나아졌지만 늘 부족해서 힘들다고 합니다. 먹는 것도 입는 것도 자는 곳도 아직 다 부족하다고 생각합니다. 그래서 우리는 많은 스트레스를 받으며 살고 있습니다.

저는 1960년에 초등학교에 들어갔습니다. 그때 한국의 1인당 GDP가 100불 정도였습니다. 지금은 3만 6000불이 넘는다고 합니다. 물질적으로는 360배 늘어났습니다. 그렇다면 우리 삶이 과연 360배 행복해졌을까요? 아니면 서른여섯 배라도 행복해졌습니까? 아니 세 배라도 더 행복해졌을까요? 물론 과거에 비해 살림살이가 많이 나아졌다고는 말할 수 있습니다. 하지만 예전보다 세 배 더 행복해졌다고 말하기는 어려운 것 같습니다. 우리는 지금도 경제가 더 성장하면, 내가 돈을 좀 더 많이 벌면, 집이 좀 더 크면 더 행복해질 거라고 생각합니다. 하지만 앞으로 1인당 GDP가 지금의 열 배인 36만 불이 된다고 해서 지금 우리가 겪고 있는 삶의 고뇌와 스트레스가 해결된다는 보장은 없습니다.

 이전에는 먹고 입고 잘 곳이 없었기 때문에 먹는 것과 입는 것, 자는 것에 많은 관심을 가졌습니다. 하지만 지금 우리 사회는 경제적인 문제도 해결했고, 독재 정치에서 벗어나 민주화도 이루었습니다. 그러나 그것만으로 인간이 자유롭고 행복해지지는 않는 것 같습니다. 물론 사회적 약자를 위한 안전망을 더 구축한다거나 주민 자치가 더 이루어져야 하는 등 아직도 우리 사회가 개선해야 할 점은 많습니다. 그러나 그런 문제가 해결된다고 해서 과연 우리가 더 행복하고 자유로워질 수 있을까요? 과거 우리의 삶을 되돌아봤을 때, 앞으로 경제적·사회적 상황과 조건이 더 좋아진다고 해도 행복이 더 커진다고 확언할 수는 없을 것 같습니다.

싯다르타, 풍요로운 삶 속에서 고뇌하다

어떻게 살아야 할까?

이와 같은 삶에 대한 문제의식은 이미 2600년 전 고타마 싯다르타라는 젊은이도 가지고 있었습니다. 고타마 싯다르타는 작은 나라의 왕자로 태어났습니다. 2600년 전이라 하더라도 왕궁에서의 삶은 먹는 것, 입는 것, 자는 것 등 생활에 아무런 불편이 없었어요. 좋은 음식을 먹고, 좋은 옷을 입고, 좋은 집에서 물질적으로 풍요롭게 살았습니다.

어느 날 싯다르타가 말을 타고 지나가는데, 어떤 여인이 이렇게 노래했다고 합니다.

"저런 사람을 아들로 둔 여인은 얼마나 행복할까? 저런 사람을 남편으로 둔 여인은 얼마나 행복할까? 저런 사람을 아버지로 둔 여인은 얼마나 행복할까?"

그 시대는 여성에게 아무런 권한이 없었어요. 어릴 때는 아버지를 잘 만나고, 커서는 남편을 잘 만나고, 늙어서는 아들이 잘되는 것이 여성의 행복을 보장하는 시대였습니다. 그런 시대에 신분과 사회적 지위가 높은 싯다르타는 아버지와 남편, 그리고 아들로서 많은 여성들이 원하는 남성이었습니다.

그런데도 고타마 싯다르타는 오늘날 우리처럼 많은 고뇌를 가지고 있었습니다. 먹고 입을 게 없고 잘 곳이 없고 생필품이 부족했다면, 당시 풍속대로 신에게 도와 달라고 빌기라도 했을 것입니다. 그러나 싯다르타가 겪는 고뇌는 누군가에게 빌어서 해결될 수 있는 문제가 아니었습니다. 그래서 그는 '왜 괴로울까?' 하는 질문을 스스로에게 끊임없이 할 수밖에 없었어요. 2600년 전 풍요로운 삶 속에서 싯다르타가 고뇌할 수밖에 없었던 것과 현대인들이 물질적 풍요 속에서도 고뇌할 수밖에 없는 것은 아마도 삶에 대해 서로 비슷한 문제의식을 가졌기 때문이 아닐까요?

지금도 우리는 어떤 대상에게 무언가를 도와 달라고 빌기도 하지만 예전에 비해서는 많이 줄어들었습니다. 종교를 가진 사람이 종교가 없는 사람보다 적어졌고, 갈수록 더 줄어들고 있습니다. 특히 기성세대에 비해 젊은이들은 종교를 가진 사람이 더 적습니다. 이는 종교가 잘하고 못하고의 문제가 아닙니다. 절대적 존재에게 무언가를 빌어서 얻는 것이 종교라고 한다면, 현대 사회에서는 젊은이들이 그럴 필요를 덜 느끼기 때문입니다.

지금 우리가 괴로운 것이 외부로부터 무언가를 얻어서 해결될 수 있는 것이 아니라면 스스로에게 '왜 괴로운지' 진지

하게 물어보아야 합니다. 젊은 싯다르타는 당시 왕궁에 살면서 왜 이런 문제의식을 가졌을까요?

경전을 보면, 싯다르타가 열두 살 때 농경제에 참여하면서 문제의식이 싹텄다고 합니다. 그때 싯다르타에게는 두 분의 스승이 있었습니다. 한 스승은 철학, 종교, 예술 같은 인문학 분야를 주로 가르치고 다른 스승은 정치, 군사, 무술 등 왕도에 관한 것을 주로 가르쳤어요. 싯다르타는 두 스승의 가르침을 잘 따르고 신체도 건강하고 재능도 있어서 촉망받는 젊은이였습니다. 요즘 말로 하면 집안도 좋고 공부도 잘하고 건강하고 일류 대학에 다니는 우등생이었다고 할 수 있겠죠.

당시 인도의 관습에 따르면, 태어나서 열두 살 또는 열다섯 살 때까지는 스승 밑에서 배우는 학습기라고 합니다. 그 시기가 지나 성년이 되면 부모의 직업을 계승해서 배우게 됩니다. 싯다르타도 열두 살이 되던 해에 왕인 아버지를 따라 농경제에 참여했습니다. 왕이 되기 위해서는 아버지를 따라다니면서 모든 것을 배워야 했으니까요.

아버지를 따라 처음 궁 밖으로 나간 싯다르타는 사람들의 삶의 현장을 보고 너무 놀랐습니다. 농부들이 쟁기질을 하고 있었는데 너무나도 야윈 모습이었고 흙투성이에다 다 떨어진 옷을 입은 채 얼굴은 고통으로 일그러져 있었어요. 싯다르타가 그동안 왕궁에서 본 사람들과는 너무 다른 모습이었어요. 그래서 싯다르타가 농부들에게 물었습니다.

"당신은 왜 이렇게 괴롭게 살고 있습니까?"

그러자 농부들이 관리나 주인의 억압과 착취 때문에 이렇게 살 수밖에 없다고 대답했습니다. 당시는 계급 사회로 주민의 90퍼센트가 노예인 사회였어요. 농사는 노예들이 하는 일이었으므로 농경제에서 싯다르타는 노예들의 비참한 삶을 본 것입니다.

싯다르타는 그때까지 왕궁에서 편안하게 살면서 모든 사람이 다 그렇게 편안하게 사는 줄 알았습니다. 그런데 왕궁 밖에 나가 보니 그렇지 않았습니다. 싯다르타는 그때 어렴풋이나마 자신의 편안함이 그냥 주어진 것이 아니라 다른 사람들의 고통 위에서 누린 풍요라는 사실을 알게 되었습니다.

싯다르타는 농부가 채찍으로 소를 때리면서 쟁기질하는 모습도 보았습니다. 채찍을 맞아 가며 입에 거품을 문 채 힘들게 일하는 소의 큰 눈망울에 눈물이 보였습니다. 싯다르타는 그 광경을 보면서 '하나가 편하기 위해서 다른 하나는 왜 저런 고통을 겪어야 할까?' 하는 의문을 품었습니다.

소가 쟁기를 끄니까 쟁기의 보습에 땅이 깊게 갈리면서 땅

속에 있던 벌레들이 땅 위로 모습을 드러냈습니다. 그러자 새들이 날아와서 벌레를 쪼아 먹었습니다. 싯다르타는 또다시 '왜 하나가 살기 위해서는 다른 하나가 죽어야 할까? 함께 사는 길은 없을까?' 하는 의문을 떠올렸습니다.

농경제에 왕인 아버지는 금으로 만든 쟁기를, 대신들은 은으로 만든 쟁기를, 일반인은 쇠로 만든 쟁기를 가지고 참여했습니다. 하지만 싯다르타는 이 축제에 참여하지 않고 나무 밑에 앉아서 '하나가 살기 위해서 왜 다른 하나가 죽어야 할까?'를 골똘히 생각했습니다. 아버지는 농경제에서 아들에게 왕의 엄청난 위세를 보여 주려고 했는데 아들은 보이지 않았고 농경제가 모두 끝나고 나서 찾아도 보이지 않았습니다. 아들을 처음으로 왕궁 밖으로 데리고 나왔기 때문에 걱정이 되어 이리저리 찾아보다가 염부나무 밑에 앉아서 명상하고 있는 싯다르타를 발견했습니다. 명상을 하고 있는 아들의 모습이 너무나 거룩해 보여서 아버지는 자기도 모르게 절을 했다고 합니다.

싯다르타는 원래 밝은 얼굴이었는데 농경제를 보고 궁으로 돌아온 후부터는 항상 어두운 표정으로 무엇인가를 골똘히 생각하며 사색을 했습니다. 아버지가 염려스러워서 물어보면 '하나가 살기 위해 왜 다른 하나가 죽어야 하는지, 같이 사는 길은 없는지, 하나가 이기기 위해서는 왜 다른 하나가 져야 하는지, 같이 승리하는 길은 없는지…' 같은 질문들을 했습니다. 하지만 지식이 많은 스승도 권력을 가진 부모도 이 질문에 아무런 답을 하지 못했습니다.

지금까지는 무엇이 궁금하면 스승에게서 답을 구할 수 있어서 그걸 배우고 익혔는데, 이 질문들에는 아무도 대답을 하지 못하는 거예요. 오히려 쓸데없는 생각을 한다고 하니까 싯다르타는 혼자서 사색을 할 수밖에 없었습니다.

왕은 이런 아들을 보며 아직 어려서 세속의 즐거움을 모르기 때문이라고 생각했습니다. 그리고 이제 아들도 성인이 됐으니까 노래하고 춤추고 여인들과 어울리다 보면 다 잊어버릴 거라고 여겼습니다. 왕은 싯다르타가 쾌락을 즐길 수 있도록 연회를 자주 마련했습니다. 그러나 싯다르타는 연회를 즐기다가도 어느 순간 소의 큰 눈망울과 눈물, 헐벗은 농부의 모습이 떠올랐고 그때마다 그는 연회장에서 빠져나와 혼자 조용히 사색하고 명상을 했습니다. 이 또한 부모의 뜻대로 되지 않았습니다.

결국 아버지는 아들을 결혼시키고, 나중에는 한 지역을 통치하게 하면서 현실에 적응하도록 했습니다. 하지만 싯다르타는 현실에 적응하는 것 같다가도 거듭 고뇌에 빠져들었습니다. 이것이 이후 싯다르타가 출가한 원인이었습니다.

부처님은 신앙의 대상인 신과 같은 존재도 아니고 과거로부터 한량없는 수행을 하고 이승에 와서 부처가 될 수밖에 없는 운명을 가진 존재도 아닙니다. 지금 이렇게 싯다르타의 고뇌에 대해 얘기하는 것은 우리와 마찬가지로 이 세상에 태어나 세상 속에서 고뇌한 청년이 어떻게 진리의 길을 찾아 깨달음을 얻고, 세상 사람들에게 유익한 가르침을 펼쳤는지를 살펴보려는 것입니다.

원래 훌륭하게 될 사주팔자를 타고났다든지, 전생에 복을 많이 지어서 그렇게 될 수밖에 없었다는 말로는 한 인간을 설명할 수 없습니다. 한 사람의 인격은 그가 자란 환경의 영향을 받습니다. 가정환경, 사회적·역사적 배경, 그리고 자연환경 등이 한 사람의 인격을 형성하는 데 영향을 줍니다.

이런 관점에서 우리는 고타마 싯다르타가 자란 인도 사회의 관습이나 윤리, 자연환경을 알아야 합니다. 또 당시의 정치, 경제, 사회, 문화적인 상황도 알아야만 이 젊은이가 왜 이런 고뇌를 할 수밖에 없었는지 이해할 수 있습니다.

오늘날 많은 학문들이 발달해 있습니다. 그중 인류의 생활 및 역사를 실증적으로 연구하는 문화인류학은 사람이 '알'에서 태어났다고 하면 그 표현이 무엇을 의미하는지 연구합니다. 세계의 수많은 유사한 사례를 통해서 그것이 의미하는 것이 무엇인지 밝혀냅니다. 우리는 이런 문화인류학적인 접근까지 포함해서 싯다르타의 삶을 살펴보고자 합니다.

  우리와 같은 한 '사람'으로서 깨달음의 길을 먼저 걸어간 붓다의 삶을 따라가면서 우리는 어떻게 살아야 좀 더 자유롭고 행복하게, 그리고 세상에 조금이나마 유의미한 일을 하면서 인생을 살아갈 수 있을지를 찾아보려고 합니다. 2600년 전의 한 사람을 현재로 소환해서 대화를 하는 것일 뿐 특정 종교를 얘기하려는 것은 아닙니다.

인도의 자연환경과 시대적 상황

인도의 자연환경과 역사를 보다

 고타마 싯다르타라는 사람의 삶을 이해하기 위해서는 그가 살았던 인도 대륙의 자연환경과 역사적 배경을 먼저 알아야 합니다.

 인도 대륙은 세계 4대 문명의 하나인 인더스 문명이 발생한 곳입니다. 삼면이 바다인 인도는 서쪽은 아라비아해, 동쪽은 벵골만, 남쪽은 인도양으로 둘러싸여 있습니다. 그리고 북쪽에는 히말라야산맥과 힌두쿠시산맥, 서북쪽에는 타르사막, 동북쪽에는 아라칸산맥이 자리해 지형적으로 폐쇄되어 있습니다. 이런 환경이 독자적인 문명을 일으켰다고 볼 수 있습니다.

세계 4대 문명이 일어난 곳은 대부분 건조한 초원 지대입니다. 신석기 시대와 청동기 시대에는 농경 도구로 돌로 만든 도끼나 칼을 주로 사용했는데, 돌도끼나 돌칼로는 나무를 벨 수는 없었습니다. 겨우 풀 정도를 벨 수 있었기 때문에 인류 문명은 대부분 삼림 지대가 아니라 초원 지대에서 시작된 것입니다.

인더스강 유역에서 인더스 문명의 유적이 많이 발견되는데, 이 문명을 이룬 사람들은 인도 대륙의 원주민인 드라비다족으로 알려져 있습니다. 드라비다족의 전통 사상에는 사람이 죽으면 다시 태어난다는 '윤회輪廻' 사상이 있었다고 합니다. 인더스 문명은 이민족의 침입으로 멸망한 후 소멸되었습니다.

약 3500년 전, 기원전 1500년경에 지금의 아프가니스탄 지역에서 살고 있던 아리안족이 힌두쿠시산맥과 파미르고원을 넘어 인도 대륙의 북쪽, 지금의 파키스탄 펀자브 지역으로 남하해 왔습니다. 이들 중 일부는 서쪽으로 이동해 갔는데 이들이 서아리안으로 오늘날의 유럽인입니다. 또 다른 일부는 동쪽으로 이동한 동아리안으로, 오늘날의 인도 문명을 이룬 사람입니다. 원주민인 드라비다족이 이룬 인더스 문명은 사라지고 이들 아리안에 의해서 오늘날의 인도 문명이 시작된 것입니다. 그래서 현재의 인도 문명은 아리안 문명이라고 말할 수 있습니다. 갠지스강 유역은 산림 지대인데 이 지역을 개척할 수 있었던 것은 철기 문명이 발달했기 때문입니다. 기원전 5세기 중국의 춘추 전국 시대에 양쯔강 이남 지역이 개발된 것도 철기 문명 때문이었던 것과 마찬가지였습니다.

아리안족이 갠지스강 유역을 따라 동쪽으로 원주민을 정복해 나가며 평원의 산림 지대를 개척할 수 있었던 것은 이처럼 이들에게 철기 문명이 보급되었기 때문입니다.

종교와 철학이 출현하다

아리안족이 초기 펀자브 지역에 살 때 자연신을 예찬하는 '베다'라는 노래를 불러서 이 시기를 '베다 시대'(기원전 1500-기원전 1000년)라고 합니다. 아리안족은 원주민인 드라비다족을 정복해 노예로 부리면서 그들의 문화인 업業 사상과 윤회 사상을 흡수했습니다.

그 뒤 아리안족이 힌두스탄 평원인 갠지스강 유역을 개척해 나가면서 점차 계급이 분화되었습니다. 사람들의 직업과 역할이 나뉘면서 계급으로 정착된 것이죠. 이 시기를 '종교 시대'(기원전 1000-기원전 800년) 또는 '브라만 시대'라고 부릅니다. 아리안족 가운데 신에게 제사 지내는 사제 계급을 '브라만'이라 하고, 세상을 다스리는 왕족과 무사 계급을 '크샤트리아'라고 합니다. 상업과 농업 등 경제 활동에 종사하는 사람은 '바이샤', 피정복민인 드라비다족은 노예로 삼았으며 '수드라'라고 합니다.

아리안족은 이러한 계급 사회의 질서를 합리화하기 위해 신화를 만들었습니다. 브라만이라는 창조신이 우주를 창조하고 인간을 창조했는데, 인간을 창조할 때 신의 입김으로 브라만을 창조하고, 신의 옆구리로 무사 계급인 크샤트리아를 창조했다고 합니다. 그리고 신의 배에서 경제 활동을 하는 계급인 바이샤를, 신의 두 발에서 노예 계급인 수드라를 창조했다는 겁니다. 이와 같은 창조 신화로 계급을 확정지었는데 이 계급 제도를 '카스트'라고 합니다. 카스트 제도에서도 제외되는 '찬달라'라는 불가촉천민이 있는데, 이들은 부정한 일을 한다고 사람들이 접촉을 꺼리고 사람 취급을 받지도 못했습니다. 반면에 사제 계급인 브라만은 신성시되고 권능 또한 제일 컸습니다. 전쟁에서 이기는 것도 브라만이 신의 힘을 빌려서 이겼다고 생각했으니까요.

아리안족이 힌두스탄 평원의 대부분을 정복하면서 기원전 800년경에는 평화 시대가 도래했습니다. 정복 전쟁 시대에는 전쟁에서 이기기 위해 제사 지내는 일을 중시했으나 평화 시대가 되면서 자연스레 제사보다는 사색을 많이 하게 되었습니다. 이 사색의 시대를 '철학 시대'(기원전 800-기원전 600년) 또는 '우파니샤드 시대'라고 합니다.

우파니샤드 시대에 인도인들은 깊은 사유를 통해 우주를 창조한 신인 '브라만'에 철학적 의미를 부여했습니다. 브라만은 성스럽고 영원하며 지극한 즐거움만으로 충만되어 있는데 인간에게도 저마다 브라만의 분신인 '아트만(我)'이 내재해 있다고 생각했어요. 인간이 자신의 본성인 아트만을 발견하면 인간도 신과 다를 바가 없다고 합니다. 이렇게 우주의 근본인 브라만(梵)과 개인의 진정한 자아인 아트만이 궁극적으로 동일하다고 보는 것을 '범아일여梵我一如'라고 말합니다. 이 상태를 모든 고뇌에서 벗어난 '해탈'이라고 합니다. 왜냐하면 브라만은 사람도 아트만을 발견하게 되면 괴로움이 없고 즐거움만 있다고 생각했기 때문이에요. 이처럼 범아일여이기 때문에 청정하고 고귀하며 영원한 아트만을 발견하게 되면 괴로움은 없고 즐거움만 가지고 영원히 살 수 있다고 생각했습니다.

그런데 부처님이 출현한 기원전 6세기 무렵의 인도는 오랜 평화가 깨지고 다시 각 나라가 각축하는 시기였습니다. 당시 인도 대륙에는 크고 작은 300여 개의 나라가 전쟁을 통해 통합되고 있었어요. 중국으로 말하면 춘추 전국 시대라고 할 수 있습니다. 부처님이 출현한 시기에 이런 통합 과정을 거쳐 제국이라고 할 수 있는 큰 나라가 등장하기 시작했습니다. 가장 먼저 등장한 나라가 마가다국이고 그다음에 일어난 신흥 제국이 코살라국이었습니다. 이 두 나라를 포함해서 16개의 큰 나라가 있었는데 이를 16대국이라고 부릅니다. 전쟁과 혼란의 시대라고 말할 수 있습니다.

마가다국과 코살라국, 이 두 신흥 제국이 패권을 다투는 사이에 철기 문명이 발달하면서 농업 생산량도 크게 늘고, 나라 간에 상업도 발달하면서 거부巨富 장자가 출현했습니다. 처음에는 아리안족이 원주민인 드라비다족을 정복하고 노예로 만들었는데 이제는 전쟁으로 피정복민이 노예로 전락하다 보니 노예가 점차 늘어났습니다. 이에 따라 노예 노동을 통한 농업 생산량이 크게 증가했어요. 자연히 도시가 생겨나고 도시와 도시 사이에는 무역이 활발해졌습니다. 무역이 증가하면서 경제에 종사하는 바이샤 계급에서 거부 장자가 나타났던 것입니다. 또 전쟁이 빈번하다 보니 크샤트리아 계급에서 절대 권력을 가진 제왕이 출현했습니다. 자연히 브라만이 가진 절대적인 권능은 약해졌어요. 브라만은 왕이나 부자를 위해 축복을 비는 제사장의 역할로 전락하면서 브라만의 절대 권위가 추락한 것이지요. 이렇게 인도 사회가 변화를 겪으며 계급 질서가 조금씩 무너지고 있었습니다.

또한 전쟁으로 살상이 일상화되자 왕권을 차지하기 위해 형제를 수십 명 죽이고 왕이 되는 일도 허다했습니다. 마가다국 왕과 코살라국의 왕 중에는 형제 100여 명을 죽이고 왕이 된 사람도 있다고 전해집니다.

지배층의 대립과 갈등뿐만 아니라 빈부 격차도 극심해졌습니다. 부유층의 자제들은 향락에 빠졌습니다. 부처님도 젊을 때 향락을 즐겼고, 부처님의 제자 가운데 거부 장자의 자제들도 향락을 즐기다가 향락의 무상함과 허무함을 알고 부처님에게 귀의한 경우가 많았습니다. 이러한 혼란기에 전통 사상인 브라만의 가르침과 믿음, 철학으로는 혼탁한 세상을 이해하기도 어렵고, 문제를 해결하기도 어려웠습니다. 신이 세상일을 주관한다면 이런 혼란을 왜 방치하는지 의문이 들 수밖에 없었지요.

시대의 혼란으로 다양한 사상이 출현하다

전쟁할 때도 마찬가지입니다. 다른 종교를 가진 사람과 싸우면 우리가 믿는 신의 보호로 이긴다고 생각할 수 있습니다. 하지만 브라만을 믿는 아리안끼리 전쟁을 하다 보니 신의 힘으로 이긴다고 생각하기 보다는 결국은 군사가 얼마나 많은지, 신무기로 얼마나 잘 무장되었는지, 전략 전술을 얼마나 잘 쓰는지 등에 따라 전쟁의 승패가 좌우되었습니다. 이런 상황에서 브라만의 권능은 더 떨어질 수밖에 없었습니다.

자연스럽게 세상일을 올바르게 이해한다는 새로운 사상가들이 출현했습니다. 전통 브라만들과 다른 신흥 사상가들을 팔리어로 사마나Samaṇa라고 합니다. 한역해서 '사문沙門'이라고 하지요. 브라만은 출생 신분으로 당연하게 사제 계급이 되었지만 새로운 주장을 갖고 등장한 신흥 사상가들은 신분으로 사상가가 되는 것이 아니라, 집을 나와 숲속으로 들어가 고행하면서 사유한 결과를 가지고 자기주장을 펼쳤습니다.

이들은 세상일에 대해 온갖 다양한 주장을 설파했습니다. 유물론적인 주장부터 사람을 죽여도 아무런 죄가 되지 않는다는 극단적인 주장도 있었습니다. 사람을 많이 죽이는 것이 죄가 된다면 왕은 벌을 받아야 하는데 벌을 받기는커녕 오히려 제왕이 되어 잘 살지 않느냐, 그러니까 죄가 되지 않는다는 주장이었어요. 세상을 새롭게 이해하는 학문, 철학, 종교를 설파하는 이들을 통칭해서 '출가 사문'이라고 불렀습니다.

이렇게 인도의 철학과 정신세계에는 주류 사상가인 브라만과 비주류 사상가인 출가 사문, 두 부류가 형성되었습니다. 주류인 브라만은 우리가 원하는 게 있으면 신에게 제사를 드리고 신의 힘을 빌려서 이룰 수 있고, 재물이나 지위를 많이 갖는 것이 행복이라고 주장했습니다. 이것을 철학적으로 '쾌락주의'라고 합니다. 반면에 출가 사문들은 인간의 욕망을 억제해야만 해탈할 수 있다고 주장했는데, 이는 '고행주의'라고 합니다. 브라만과 출가 사문은 각각 해탈에 이르는 길이 쾌락주의와 고행주의에 있다고 주장했습니다.

붓다, 룸비니에서 탄생하다

고타마 싯다르타는 이런 시대적 배경 속에서 태어나고 자랐습니다. 어린 시절에는 브라만의 가르침을 받아 쾌락주의를 받아들였고, 출가한 후에는 사문의 무리에 합류해서 스승을 모시고 수행을 했습니다. 그동안 우리는 이런 배경 설명 없이 청년 싯다르타의 고뇌와 출가와 수행을 얘기해 왔고 그러니 붓다를 신적인 존재로 볼 수밖에 없었던 겁니다.

붓다는 깨달음을 얻고 난 뒤 인간의 운명이 정해져 있다는 것을 부정했습니다. 신의 뜻이나 전생에 지은 업, 그리고 생년월일시에 의해서 인간의 운명이 정해져 있다는 운명론을 받아들이지 않았습니다.

오늘날 우리가 믿는 불교는 인도의 전통 사상을 종교적으로 받아들여 전생에 의해 현생의 운명이 정해져 있다고 말합니다. 하지만 붓다는 그런 운명론을 부정했습니다. 그래서 제자들에게 관상이나 사주, 손금이나 족상을 보는 것 같은 인간의 운명을 점치는 행위를 해서는 안 된다고 가르쳤습니다.

이것도 고타마 싯다르타가 살았던 사회 배경과 연관해서 봐야 합니다. 고통받는 사람들의 고통을 합리화하고, 부당하게 죽는 사람들을 죽을 수밖에 없는 운명이라고 합리화하는 운명론을 붓다는 부정했습니다. 운명론은 결국 계급 질서를 합리화하고 성차별도 합리화하는 것입니다. 붓다는 죄가 많아서 여자로 태어났다든지, 전생에 죄를 많이 지어서 노예로 태어났다든지 하는 주장을 단호히 부정했어요. 그래서 카스트 제도를 부정하고 성차별에 반대하면서 노예도 여성도 출가해서 수행 정진해 해탈하는 길을 열어 주었어요. 이런 시대적 배경 속에서 붓다의 삶을 들여다봐야 붓다가 얼마나 혁명적이었는지 알 수 있습니다.

우리가 이런 배경에 대한 이해 없이 불교를 공부하면 운명론 같은 인도의 전통 신앙을 그대로 받아들이고 붓다를 신적인 존재로만 생각하게 되는 거예요. 하지만 붓다의 삶을 내밀하게 들여다보면 붓다가 이 세상을 혁명적으로 바꾼 분이라는 것을 알 수 있어요.

후대에 붓다의 일생을 기록한 사람들은 붓다를 신격화하면서 전생에 한없는 수행 정진을 해서 하늘의 신이 되었다가 마지막에 붓다가 되기 위해 이 세상에 태어났다고 했습니다. 경전에 붓다는 룸비니에서 어머니의 오른쪽 옆구리로 태어났다고 기록되어 있어요. '부처님이니까 그렇게 태어날 수 있지'라거나 '말도 안 돼'라고 부정적으로 보지 말고 상징으로 봐야 합니다. 인도 전통문화에 따르면 옆구리로 태어났다는 것은 크샤트리아 계급, 즉 왕족 출신이라는 것을 상징합니다. 또 부처님이 태어날 때 신들이 와서 부처님을 보살폈다고 하는데 이 역시 인도의 전통문화 속에서 이분은 신보다 더 위대한 존재라는 사실을 나타내고자 하는 표현이라고 볼 수 있습니다.

붓다는 태어나자마자 일곱 발자국을 걸었다고 합니다. 이 의미는 인도 전통문화에서 말하는 육도윤회六道輪廻의 여섯 발자국에서 한 발 더 나아갔다는 것입니다. 사람은 자기가 지은 업에 따라 지옥, 아귀, 축생, 아수라, 인간, 천상을 윤회한다고 하는데 이것을 육도윤회라고 해요. 그런데 부처님은 육도의 윤회를 벗어나 해탈을 했기 때문에 일곱 발자국을 걸었다는 의미인 거죠.

또 한 손은 하늘을 가리키고 한 손은 땅을 가리키면서 "천상천하天上天下 유아독존唯我獨尊 삼계개고三界皆苦 아당안지我當安之"라고 말했다고 묘사되어 있어요. 하늘 위는 신들의 세계이고 하늘 아래는 인간 세계입니다. 천상천하 유아독존, 하늘 위와 하늘 아래, 즉 신들의 세계와 인간 세계를 통틀어서 가장 위대한 존재라는 얘기죠. 붓다가 신들보다 더 높은 존재이며 신과 사람 가운데 가장 고귀한 존재라는 뜻입니다. 그래야만 이 세상에서 가장 위대한 종교가 되지 않겠어요?

여기서 우리가 일반적으로 잘 알지 못하는 문구가 '삼계개고 아당안지'예요. '이 세상이 다 괴로움에 빠져 있으니, 마땅히 이를 구제하겠다'는 의미입니다. 세상을 구제한다는 말은 붓다가 그럴 운명을 갖고 태어났다기보다 붓다의 삶 전체를 상징적으로 표현한 것이라고 볼 수 있습니다. 붓다는 사람으로 태어나서 신과 인간의 굴레로부터 벗어나 대자유인이 되었고, 고통받는 모든 사람에게 고통에서 벗어나는 길을 제시한 분이라는 것이지요. 이러한 붓다의 삶이 출생 장면에 상징적으로 묘사되어 있습니다.

붓다가 태어났을 때 아시타 선인이 싯다르타를 보고, "이 세상에 있으면 전륜성왕轉輪聖王이 될 것이고 출가하면 부처를 이루리"라고 예언을 했다고 합니다. 아시타 선인의 예언은 당시 인도 사회가 정치, 경제, 사상적으로 혼란스러웠기 때문에 평화와 안정을 바라는 많은 사람의 염원을 담은 것이라고 볼 수 있습니다. 위대한 정치인, 왕 중의 왕인 전륜성왕이 세상을 평화롭게 해 주면 좋겠다는 바람을 나타낸 거죠.

또한 당시에는 저마다 자기가 옳다고 주장하는 여러 사상이 있어서 62개의 견해, 360개의 견해가 있었다고 합니다. 그래서 일체를 깨달은 붓다가 출현해 사상적으로도 어느 것이 옳고 그른지, 사람은 어떻게 살아야 하는지 방향을 제시해 주기를 바랐던 것입니다. 전륜성왕과 붓다는 그런 염원을 상징하는 것이라고 볼 수 있습니다.

고타마 싯다르타는 전륜성왕의 길을 버리고 붓다의 길을

갔습니다. 인간의 무지를 깨우쳐서 누구나 자유롭고 행복하게 살 수 있는 삶의 길을 제시해 주었습니다. 붓다가 출현한 후 200년이 지나 출현한 아소카왕은 인도 대륙을 통일해서 평화를 정착시킨 사람입니다. 그래서 인도에서는 아소카왕을 전륜성왕이라고 부릅니다.

우리는 이런 인도의 역사적 배경 속에서 청년 싯다르타와 인간 붓다를 이해해야 합니다. 이제부터 청년 싯다르타가 어떻게 고뇌하면서 진리의 길을 찾아가는지 살펴보겠습니다.

청년 싯다르타의 고뇌

현실의 모순을 보고 큰 의문을 가지다

싯다르타는 왕궁에서 태어나고 자랐기 때문에 먹고 입고 자고 생활하는 데 아무런 어려움이 없었습니다. 가족 관계에서도 별다른 갈등은 없었습니다. 물론 역사는 승자 중심으로 기록되니까 부처님에 대해서도 좋은 기록만 남아있는지 모르겠습니다.

청년 싯다르타의 고뇌는 집 밖으로 나가 마주한 사회 속에서 여러 모순된 상황에 대해서 의문을 품으면서 시작되었습니다. "함께 사는 길은 없을까?"라는 의문을 가지고 그는 스승과 부모님께 물어도 마땅한 답을 얻지 못했기에 혼자 고민

할 수밖에 없었습니다. 그런데 이러한 싯다르타의 고민을 부모나 주위 사람들은 아무도 이해하지 못했습니다. 세상 사람들은 쾌락을 좋아하고 즐기는데 왜 싯다르타는 즐거움을 멀리하고 늘 고뇌하는지 알 수 없었던 것입니다. 그러던 중에 싯다르타는 성의 북쪽 문으로 나가서 만난 출가 사문과 대화를 나누며 고뇌를 해결할 가능성과 새로운 희망을 느끼고 자신도 출가해야겠다고 결심했습니다. 이와 같은 싯다르타의 출가 결심에 처음으로 영향을 준 것은 농경제였습니다.

당시 인도는 인생을 4주기로 구분했습니다. 태어나서 15세까지는 스승에게 배우는 학습기學習期입니다. 배움을 마치고 30세까지 성인으로 아버지의 유업을 계승하는 가주기家住期, 가업을 아들에게 물려주고 집을 떠나 45세까지 숲속에서 수행하는 임서기林棲期, 45세 이후에는 삶을 마무리하며 세상을 순례하는 유행기遊行期입니다. 계급마다 약간씩 차이가 있지만 한 주기는 대략 15년을 기준으로 나뉩니다.

이에 따라 싯다르타도 열두 살이 되었을 때 아버지인 왕을 따라 농경제에 참여했습니다. 이는 왕의 역할을 배워 아버지의 유업을 계승하기 위해서였습니다. 싯다르타는 농경제에 참여하면서 '하나가 살기 위해서 왜 다른 하나가 죽어야 할까? 하나가 행복하기 위해서 왜 다른 하나가 불행해야 할까?' 하는 큰 의문을 가지며 고뇌하기 시작했습니다.

청년 싯다르타, 고뇌하다

싯다르타는 농경제에 참여했을 때 느꼈던 의문에 대한 해답을 찾지 못한 채 고뇌하다가 어느덧 성년이 되었습니다. 어느 날 동쪽 문으로 나갔는데 동쪽 문밖에서 너무나 비참한 모습을 한 늙은이를 만났습니다. 늙은이의 목에서는 가래가 끓었고 주름살투성이에다 제대로 걷지도 못하며 아주 고통스러워하는 모습이었습니다. 물론 궁중에도 나이 든 사람이 있으니까 싯다르타가 늙은이를 처음 본 건 아니겠죠. 그러나 싯다르타가 보고 충격을 받은 그 늙은이는 길거리에 버려진 늙은 노예였습니다. 노예가 젊고 건강할 때는 사람들이 필요로 합니다. 하지만 늙은 노예는 먹이는 비용이 노예의 노동으로 얻는 것보다 더 많이 드니까 버림을 받는 것입니다.

싯다르타는 늙었다고 버려져 보호받지 못하는 노인의 모습을 보고 가슴이 아팠어요. 그 순간 '사람이 늙으면 저렇게 되는가. 나도 저렇게 될까?' 하는 생각을 했습니다. 또한 '젊을 때는 귀천을 따지며 살지만 늙으면 귀천 없이 모두 똑같이 저렇게 될 것이다. 그렇다면 나도 미래에 저런 삶을 살게 될 텐데 지금 웃고 즐길 여유가 있겠는가?' 하는 생각을 안고 궁으로 돌아왔습니다.

그 뒤 싯다르타는 남쪽 문으로 나가서 굉장히 비참한 모습의 병자를 만납니다. 그는 병들었는데도 보호받지 못하고 버려진 채 울면서 어머니와 아버지를 부르고 또 자식을 부르고 있었어요.

이를 본 싯다르타는 다른 사람의 고통을 외면하지 않고 불쌍히 여기고 보살피려는 마음을 내는 것을 넘어 '사람은 누구나 다 저렇게 될 수 있다. 나도 저렇게 되지 않겠는가?'라며 자신의 문제로 여깁니다. 경전에서 묘사한 늙은이와 병자의 모습은 늙고 병들면 얼마나 비참해지는지를 보여 줍니다. 당시 사회는 노예가 인구의 다수를 이루고 있었는데, 경전의 기록들을 통해 그들의 삶이 얼마나 비참했는지를 알 수 있습니다. 또 당시는 누구든 전쟁에서 패하면 노예로 전락하는 사회였기 때문에 이는 노예들만의 문제가 아니었습니다.

싯다르타는 어느 날 서쪽 문으로 나가서는 죽은 사람을 보았습니다. 시신이 길거리에 버려져 있었고 까마귀가 시신을 파먹어서 흉측한 모습이었어요. 그 시기에는 사람이 죽으면 화장을 하거나 매장을 했지만 노예들이 죽으면 시신을 그냥 숲속에 갖다 버렸습니다. 장사도 지내지 않았습니다. 죽은 노예를 쓰레기 버리듯이 숲에 버렸어요. 그래서 인도에는 노예들의 시신을 버리는 숲인 시타림屍陀林이라는 게 있습니다. 요즘 스님들이 상갓집에 염불하러 갈 때 '시타림에 간다'고 말하기도 합니다. '시타림'을 공동묘지라고 한역하기도 하는데, 시타림은 시신의 쓰레기장이라는 뜻이어서 공동묘지라고 하기에는 그 의미가 딱 맞지 않습니다. 우리는 존엄하게 죽을 권리가 있잖아요. 시신이 훼손되지 않고 처리될 권리가 있는데 당시 노예들에게는 그런 게 없었습니다. 싯다르타는 이러한 현실을 보면서 세상 사람들이 겪는 고통에 대해 더 깊이 인식하게 됐습니다. 나아가 이것이 미래 자신의 모습일 수도 있겠다고 생각했어요.

이런 경험을 하면서 싯다르타는 삶에 대한 고뇌에 더 깊이 빠져들었습니다. 그의 부모는 아시타 선인의 예언처럼 아들 싯다르타가 출가할지도 모른다고 우려했습니다. 그래서 그가 쾌락을 즐기도록 연회를 더 자주 베풀고 결혼도 시켰습니다. 또 계절에 따라 옮겨 다니며 편하게 지낼 수 있도록 삼시전三時殿이라는 별장도 지어 주며 아들의 마음을 돌리려고 애썼습니다.

그러던 어느 날 싯다르타는 북쪽 문으로 나가서 출가 사문을 만났습니다. 그가 만난 출가 사문은 여위고 초라한 모습이었는데도 두 눈은 반짝반짝 빛나고 아주 당당했습니다. 싯다르타는 그 사람과 대화를 나누며 지금까지 자기가 고뇌하고 의문을 가졌던 것에 대한 답을 찾을 수 있을 것 같은 희망을 갖게 되었습니다. 그래서 자기도 출가를 해야겠다는 마음을 내게 되었습니다.

 싯다르타의 부모님은 펄쩍 뛰며 말렸습니다. 아버지가 반대하고 어머니가 울면서 말리니까 그는 출가를 포기했습니다. 하지만 시간이 지나자 다시 출가하고 싶은 마음이 일어나 부모님께 또 얘기했습니다. 이와 같은 과정이 반복되었습니다. 아버지는 아들에게 쾌락적인 즐거움만이 아니라 통치하는 즐거움을 주면 괜찮아지지 않을까 하는 생각에 양위를 고민했습니다. 당시에는 왕이 살아 있는데 왕위를 물려주는 경우는 거의 없었어요. 반면에 왕인 아버지가 오래 살면 아들이 쿠데타를 일으켜서 왕위를 찬탈하는 경우가 비일비재했어요. 그런 상황이다 보니 아버지는 왕위를 빨리 물려받지 못해 싯다르타가 고뇌하는 것으로 오해하기도 했습니다.

 그래서 왕은 싯다르타에게 가리사가라는 부유한 한 지역을 다스려 보라고 통치권을 주었습니다. 싯다르타가 막상 그곳에 가 보니 그 지역의 풍요로움은 모두 노예들의 고된 노동으로 이루어진 것이었습니다. 그런데 노예들 또한 농사지을 때 채찍질로 가축을 가혹하게 부리고 있었어요. 이를 본 싯다르타는 가축의 고삐를 풀어 다 자연으로 돌려보내고, 농사짓던 노예들을 모두 해방하도록 명령했습니다. 이런 기록을 보면 어쩌면 부처님이 세계 최초로 노예 해방을 실천한 분이 아닐까 하는 생각이 들기도 합니다. 하지만 통치자 한 사람의 생각과 명령만으로는 사회 전체의 구조를 변화시킬 수 없었습니다. 결국 아버지 슈도다나왕의 이런저런 노력도 청년 싯다르타의 고뇌를 해결하지는 못했습니다.

이런 와중에 부인인 야소다라가 아들을 낳았습니다. 그러자 싯다르타는 앞으로 자신이 수행할 때 아들이 큰 장애가 되리라 생각했습니다. 장애를 인도 말로는 '라훌라'라고 하는데, 이 말이 아들의 이름이 되었다고 합니다.

일부 기록에는 싯다르타가 '아들도 태어나고 이렇게 계속 집에 묶여 있으면 더 이상 진리의 길로 갈 수 없다'고 생각했기 때문에 출가를 결심했다고 묘사되어 있습니다. 그러나 인도의 역사와 문화를 살펴보면 그런 것만은 아닌 것 같습니다. 인도에는 상속권이 남자에게만 있어요. 그래서 아들을 낳았다는 것은 출가의 명분이 생겼다고 볼 수 있습니다. 싯다르타가 왕위를 상속하지 않아도 이제 그의 아들이 왕위를 상속할 수 있게 된 거예요. 즉 아들을 낳았기 때문에 출가할 수 있는 명분과 함께 부모에 대한 효도라는 부담에서도 벗어날 수 있었다는 관점으로 볼 수도 있습니다.

새로운 길을 찾아 출가하다

싯다르타는 아들을 낳은 뒤 세상살이에 묶일 위험이 있다고 생각하고, 더는 구도의 길을 미룰 수가 없어서 출가를 결심했습니다. 하지만 부모의 허락을 얻는 것은 불가능하니까 밤에 몰래 집을 떠날 수밖에 없었습니다. 그는 출가하는 날 아들이 있는 부인의 방문을 열어 아들을 한번 안아 보고 싶은 마음이 있었어요. 그런데 만약 부인이 깨면 출가의 길을 그르칠지 몰라서 문을 열고 아들을 한 번 본 뒤에 그냥 떠납니다. 싯다르타의 이런 모습을 보면, 사람은 부모나 부인보다는 역시 아이에 대한 집착과 아쉬움이 더 있지 않나 하는 생각이 듭니다.

싯다르타는 자신이 가진 의문에 대한 답을 얻기 전까지는 왕궁으로 돌아오지 않겠다는 굳은 결심을 하고 떠났습니다.

'모든 사람이 행복하게 함께 살 수 있는 도를 얻기 전까지는 결코 성으로 돌아오지 않겠다. 높은 성벽에서 떨어져 죽거나 독약을 먹고 죽을지언정 도를 얻기 전에는 집으로 돌아오지 않겠다.'

왕이 사람을 시켜 뒤쫓을까 싶어 싯다르타는 말을 타고 일곱 나라를 건너갔습니다. 당시의 나라들은 지금처럼 큰 영토를 가진 것이 아니라 작은 규모였어요. 일곱 나라를 지나 아노마강이라는 큰 강을 건넌 다음에야 부왕이 쫓아오지 않을 거라 생각하고 말을 모는 시종을 궁으로 돌려보냈습니다.

그런데 마부는 싯다르타의 명령을 받고도 궁으로 돌아가지 않으려고 했어요. 마부 찬다카가 왕자와 헤어져서 돌아가면 궁에 도착하자마자 주인을 버리고 왔다는 이유로 죽임을 당할 수도 있었기 때문입니다. 그리고 왕궁에서 귀하게 자란 왕자가 사나운 들짐승이 출몰하고 벌레와 독충이 있는 숲속에서 살 수 있을 것 같지 않았겠죠. 찬다카는 싯다르타에게 계속 돌아가기를 권했습니다. 그러자 싯다르타가 자신의 머리에 쓴 보관寶冠을 건네주면서 말했습니다.

"내가 출가한 것은 개인의 이익을 위해서도 아니고 죽어서 하늘나라에 태어나기 위해서도 아니다. 모든 사람이 행복해지는 길을 찾기 위해서 출가한 것이다. 절대로 어떤 이익을 위해서, 누구의 꼬임에 빠져서, 혹은 갈등이 있어서 출가

한 것이 아니라 고뇌에서 벗어나는 길을 찾아서 출가했다고 부왕께 전하라."

그는 마부 찬다카를 통해 자신이 출가한 이유를 왕에게 전한 것입니다. 찬다카를 왕궁으로 돌려보낸 뒤, 싯다르타는 자신의 머리채를 왼손으로 쥐고 오른손에 잡은 칼로 잘랐습니다. 그리고 자신의 옷이 아무리 봐도 수행자의 모습과는 다르다는 생각이 들어 사냥꾼에게 부탁해서 옷을 바꿔 입었습니다. 이렇게 싯다르타는 수행자의 삶을 시작했습니다.

그는 지난 10년 넘게 그토록 원하던 수행자가 되었기에 금방이라도 뭔가를 깨달을 것 같았어요. 그런데 하루, 이틀, 사흘이 지나도 아무런 변화가 없었습니다. 사나운 짐승 소리를 들으며 벌레에 물리고 배고픔과 추위를 견뎌야 했습니다. 그러자 따듯한 잠자리와 음식 생각이 났습니다. 점차 시간이 지나면서 계속 번뇌와 후회가 일어났어요. 나중에는 배가 너무나도 고파 마을 사람들이 먹다 버린 음식을 주워 와서 먹으려고 했습니다. 하지만 입에 넣자마자 곧바로 토해 버렸어요. 그런 과정에서 싯다르타는 출가를 후회하는 자신을 발견하고는 스스로 꾸짖었습니다.

"지난 10년간 얼마나 출가 사문이 되기를 바랐는가? 또 오랫동안 수행자들을 얼마나 부러워했는가? 그런데 지금 대체 무슨 짓을 하는 것인가? 수행 생활을 시작한 지 일주일도 안 되었는데 벌써 이렇게 후회하다니. 혼자서는 안 되겠다."

그는 이렇게 해서 스승을 찾아 길을 떠나게 됩니다.

스승을 찾아 나서다

자신의 부족함과 어리석음을 돌아본 싯다르타는 혼자서 수행하는 것은 어렵겠다고 여기고 스승을 찾아 길을 떠났습니다. 싯다르타는 고행림苦行林에서 고행주의자 박가바를 만났습니다. 제자들과 박가바는 나무에 거꾸로 매달리기도 하고, 가시덩굴을 덮어쓰기도 하고, 못을 박은 판 위를 걷기도 했습니다. 그들은 엄청난 고행을 하고 있었습니다. 싯다르타는 숲속에서 일주일을 수행하고 힘들다고 생각했는데, 이들에 비하면 자신은 너무나 안일하게 지냈던 겁니다.

고행주의자들과의 만남은 싯다르타가 수행에 대해서 다시 결심하는 계기가 되었습니다. 한편으로 싯다르타는 그들이 왜 이런 고행을 하는지 궁금했습니다. 그의 물음에 고행주의자들은 다음과 같이 대답했습니다.

"이 세상에 사람이 태어날 때는 평생 받을 괴로움과 즐거움의 양이 정해져 있습니다. 그러니 내가 미리 고생을 다하면 죽어서 천상에 태어나 복을 누릴 수 있습니다.'

결국 고행주의자들은 천상에 태어나 복을 누리기 위해서 지금 고행을 한다는 것이었습니다. 하지만 세월이 흐르면 그 복도 다할 텐데, 그러면 다시 고행을 해야 하는 게 아닐까요? 이것은 윤회에서 벗어나는 길이 아니에요. 다만 잠시 뒤로 미룰 뿐이며 오래도록 복을 누리려면 계속 고행을 해야 한다는 모순이 생깁니다. 싯다르타는 출가 사문이 되기 전에 이미 집에서 10년간 고뇌하고 많은 사색을 했기 때문에 고행주의자들의 답변을 듣고 그들의 모순을 금방 알 수 있었어요.

그래서 고행주의자를 떠나 바이샬리로 내려갔습니다. 거기서 알라라 칼라마라는 선인을 만났습니다. 알라라 칼라마는 선정주의자인데, 요즘 말로 하면 요가 수행자입니다. 처음에는 그 사람 밑에서 만족스럽게 배우며 정진했는데, 몇 개월이 지나지 않아 그 스승의 경지에까지 이르렀습니다. 그런데 앉아서 명상하고 집중할 때는 번뇌가 없어진 것 같았지만 일어나서 움직이면 번뇌가 생겨났습니다. 그래서 싯다르타는 선정으로는 완전한 해탈에 이르지 못한다는 것을 깨닫고 알라라 칼라마의 곁을 떠났습니다.

싯다르타는 더 큰 스승을 찾아 나섰습니다. 그는 당시 인도 최고의 문명국인 마가다국의 수도 라자그리하(王舍城)에서 또 다른 선정주의자인 웃다카 라마풋타라는 스승을 만났습니다. 그리고 그 스승 아래서 정진을 했는데 다시 얼마 지나지 않아 그 스승의 경지에 이르렀습니다. 이전보다는 훨씬 안온한 경지에 이르렀지만 여전히 일상 속에서 항상 안온하지는 않았습니다. 단지 선정을 닦을 때만 그 안온함이 유지될 뿐이었습니다. 싯다르타는 다시 스승의 곁을 떠나려고 했습니다. 싯다르타가 훌륭한 제자였기에 스승은 여기 머물면서 자기와 같이 교단을 이끌자고 요청했어요. 싯다르타는 이를 거절했습니다.

"저는 한 교단의 지도자가 되기 위해서 출가한 것이 아닙니다. 저는 모든 사람이 번뇌와 고뇌 없이 살 수 있는 길을 찾기 위해 출가를 했습니다. 저는 더 정진해야겠습니다."

그는 이렇게 말하고 스승의 곁을 떠났습니다. 그때 같이 수행하던 다섯 친구가 열심히 정진하는 싯다르타를 존경해서 함께 떠나 같이 정진하기로 했습니다. 친구들은 싯다르타와 마찬가지로 더는 배울 만한 사람은 없으며, 남은 과제는 스스로 해결할 수밖에 없다는 사실을 알았기 때문입니다.

싯다르타는 이렇게 다섯 친구와 함께 서쪽으로 80킬로미

터가량 떨어진 우루벨라의 세나 마을에 있는 네란자라 근처의 숲속에 들어가 자리를 잡았습니다. 이곳은 현재의 부다가야 동쪽으로, 고대 도시 가야 근교입니다. 싯다르타와 다섯 친구는 사람이 없는 한적한 곳인 이곳 시타림에서 6년간의 정진을 시작했습니다.

2장

싯다르타, 세상의 참모습을 깨닫다

부다가야의 보리수나무

싯다르타의 고행

사문유관을 통해 새로운 길을 발견하다

　어릴 때 저의 꿈은 과학자가 되는 것이었기 때문에 종교인이 된다는 건 생각도 못했습니다. 그런데 고등학교 다닐 때, 학교 옆 분황사에 계시던 스승님을 만나게 되었습니다. 그리고 스승의 권유로 승려의 길을 가게 되었습니다. 무엇보다 불교 교리가 과학적이고 논리적이면서도 합리적이라고 생각했기 때문에 이 길을 걷지 않았나 생각합니다.
　종교로서 불교는 저에게 항상 많은 의문을 가지게 했습니다. '왜 부처님이 가르친 것과 현실의 불교는 다를까?' 그래서 인도에 꼭 한번 가 보고 싶었습니다. 부처님이 열반하신지 2600년이라는 긴 시간이 흘렀지만, 인도에 가서 그 현장을 살펴보면 부처님이 어떤 분인지 좀 더 잘 알 수 있을 것 같았습니다. 하지만 인도에 갈 기회가 쉽게 오지 않았습니다. 그러다가 몇 년이 지나 드디어 인도에 가게 되었습니다. 그토록 소망했던 저의 바람이 현실이 됐기에 마냥 들뜬 마음으로 인도에 도착했습니다. 당시 콜카타 공항에는 트랩이 없어서 그냥 활주로에 내렸는데, 저는 인도에 왔다는 크나큰 감동을 느껴 그대로 땅에 엎드려서 입을 맞췄습니다.

그런 감동과 기대감을 갖고 인도에 도착했지만 제가 본 콜카타의 모습은 너무나도 큰 충격이었어요. 우리는 배낭여행처럼 인도에 갔기 때문에 뒷골목에 있는 작은 숙소에 묵었습니다. 저 역시 우리나라가 경제적으로 어려웠던 시절에 시골에서 자라며 가난을 경험했지만, 인도 빈민들이 사는 모습은 상상을 초월했습니다.

도착한 첫날 밤에 물을 사려고 혼자 나갔는데 한 여인이 저의 팔을 잡고 뭐라고 말을 하는 거예요. 이상하게 생각하며 그냥 가려고 하자 그 여인이 계속 잡아당기면서 불빛 아래로 저를 데려갔어요. 여인은 아기를 안고는 한 손을 아기 입에 댔다가 배에 댔다가를 여러 번 반복하는 거예요. 그래서 '아기가 배가 고프다는 얘기구나' 하는 것을 알고 그 여인이 이끄는 대로 따라가니 상품을 길에 내놓고 파는 작은 가게 앞에서 분유통을 손가락으로 가리켰어요.

'분유를 사 달라는 얘기였구나' 라는 생각이 들어 잘하지 못하는 영어로 얼마냐고 물었더니 60루피라고 했습니다. 60루피라는 말에 마음이 덜컹했어요. 인도에 오기 전 사전 교육을 받았을 때가 생각났습니다. 루피보다 작은 파이샤라는 화폐 단위가 있는데, 구걸하는 사람에게 파이샤는 주더라도 루피를 주면 안 된다는 얘기를 들었던 것이 떠올랐어요. 만약 루피 이상을 주면 사람들, 특히 아이들이 계속 따라와서 여행을 못한다는 거예요. 최대 1루피 이상을 줘서는 안 된다고 여러 번 주의를 받았는데, 60루피라고 하니 너무 놀라서 그냥 도망치다시피 와 버렸어요. 오면서도 계속 어린아이의 배고픔을 외면하고 온 것 같아 마음에 걸렸습니다.

돌아와서 안내하는 교수님에게 물었습니다.

"60루피가 우리나라 돈으로 얼마나 됩니까?"

교수님은 웃으면서 2400원이라고 했습니다. 그때 저는 굉장한 충격을 받았습니다.

'아니, 겨우 2400원짜리 분유를 사 달라는데, 나는 내 전 재산을 내놓으라는 것처럼 놀라서 그 여인을 외면하고 도망을 와 버렸구나.'

너무너무 죄스러운 마음이 들었어요. 그래서 돈을 가지고 다시 나가서 그 여인을 찾아봤지만 벌써 어디론가 사라져 보이지 않았습니다. 당시에 저는 가난한 사람을 돕고 사회 정의를 실현하겠다는 생각을 많이 하고 있었습니다. 그런데 막상 가난한 사람과 부딪쳤을 때 제가 실제로 일으킨 반응은 평소의 생각과 너무나도 달랐습니다. 저는 이런 모순된 저 자신에게 큰 충격을 받았어요. 이것이 인도에 불가촉천민을 위해 학교를 세우고 병원을 세우는 계기가 됐습니다.

콜카타 시내에 아주 화려한 최고급 호텔이 있었어요. 우리 일행이 차를 마시러 들어갔는데, 벽과 바닥이 다 대리석으로 되어 있고 도금이긴 하지만 찻잔도 금으로 되어 있었어요. 호텔 안에 야자수도 있고 풀장도 있었습니다. 그런데 호텔 문만 나오면 빈민들과 장애인들이 구걸을 하고 있었어요. 저는 그 모습을 잊을 수가 없었습니다.

'왕궁과도 같은 호텔 문을 나와서 문 밖에서 구걸하는 이 사람들의 모습이 과거 고타마 싯다르타가 성문 밖을 나왔을 때 본 모습이 아닐까?'

어른은 구걸하는 사람에게 몇 푼을 그냥 주거나 외면하고 가버리겠지만, 소년이라면 이를 고뇌할 수밖에 없지 않았을까요? 저 사람들처럼 되지 않기 위해 경쟁에서 승자가 되는 길을 선택하거나, 그렇지 않으면 어떻게 하면 저들을 도울 수 있을까 하는 고민을 하지 않았을까요? 이렇듯 사문유관四門遊觀은 그냥 경전에만 있는 과거의 얘기가 아니라 조금만 눈여겨보면 지금 우리 삶에서도 늘 직면하는 문제였습니다.

저는 콜카타에서 본 이것이 사문유관이라고 생각했습니다. 그래서 초기에 인도 성지 순례를 갈 때는 멀리 돌아가더라도 반드시 하루는 콜카타에 들러서 빈민촌을 둘러보도록 했습니다. 붓다가 고뇌했던 부분을 체험하려면 관련된 유적지만 다닐 게 아니라 우리도 그 사문유관을 경험해야 한다고 생각했기 때문입니다. 그럴 때 우리도 올바른 문제의식을 가질 수 있지 않을까요? 이왕 시간과 돈을 투자해 인도까지 왔다면 싯다르타가 가졌던 문제의식을 우리도 한번 느껴 봐야 붓다의 가르침을 올바로 이해할 수 있다고 생각했습니다.

'고타마 싯다르타가 오늘 이곳에 온다면 지금 세상을 보며 어떤 문제의식을 가지고 어떤 고뇌를 할까? 그리고 이를 해결하기 위해 어떻게 탐구하고 또 우리에게 어떤 길을 제시할까?'

붓다를 2600년 전의 옛날 분이라고만 생각하지 말고, 지금 여기 우리 곁에 있는 분으로 생각해야 우리도 붓다의 길을 갈 수 있습니다. 그리고 불교 신자가 아니더라도 현대인들의 고뇌를 해결하려면 붓다의 삶을 깊이 이해할 필요가 있다고 생각합니다.

고행을 시작하다

사문유관을 경험하고 수행자의 길로 나선 싯다르타는 여러 스승을 만나 배우고 정진하면서 그 스승들의 경지에 이르렀습니다. 스승인 웃다카 라마풋타는 싯다르타에게 함께 교단을 이끌자는 제안도 했습니다. 우리라면 스승의 제안을 받아들이고 그곳에 머물면서 지도력을 발휘하려고 했겠죠. 하지만 싯다르타는 달랐습니다. 그는 초심을 잃지 않았습니다. 자신이 왜 출가했는지 그 이유를 잊지 않았기 때문에 스승의 제안을 사양하고 구도의 길을 계속 갔습니다.

싯다르타가 라자그리하에 있을 때 일입니다. 어느 날 빔비사라왕이 성 위에서 여법하게 걸어가는 한 수행자를 보았습니다. 왕은 부하에게 그가 누구인지, 어디 사는지 알아보라고 했습니다. 왕은 그 수행자가 싯다르타임을 확인한 후에 마차를 타고 그를 직접 찾아갔습니다.

빔비사라왕이 싯다르타를 만나 누구인지 물으니 싯다르타는 북쪽의 카필라바스투라는 작은 나라에서 왔다고 말했습니다. 빔비사라왕이 다시 물었습니다.

"그렇다면 당신이 왕자 출신으로 출가했다는 그분입니까?"

싯다르타가 그렇다고 하자 빔비사라왕이 제안을 했습니다.

"당신같이 젊고 재능 있는 사람이 수행자가 된다는 것은 정말 아까운 일입니다. 나와 같이 궁으로 돌아갑시다. 나에게 누이가 있는데 내 누이와 결혼하고 마가다국을 나와 같이 통치합시다."

당시에 마가다국은 인도에서 최강국이었어요. 하지만 싯다르타는 그 제안을 거절했습니다. 빔비사라왕은 싯다르타가 같이 통치하자는 제안에 만족하지 않는다고 생각해서 다시 더 좋은 조건을 제시했습니다.

"그렇다면 당신이 나를 대신해 이 나라를 맡아서 통치하십시오."

싯다르타는 이 제안도 거절했어요. 빔비사라왕은 남의 나라를 갖는 것이 미안해서 거절한다고 생각해 또 다시 제안을 했습니다.

"그러면 내가 당신에게 강력한 군대를 줄 테니 다른 나라를 쳐부수고 새로운 제국을 만드십시오."

싯다르타는 빔비사라왕의 이 제안마저 거절하며 말했습니다.

"대왕이시여, 내 나라의 왕도 싫다고 버리고 왔는데 내가 왜 남의 나라를 갖겠습니까? 내 나라도 버리고 왔는데 왜 남의 나라를 빼앗겠습니까? 대왕이시여, 내 입 안에 있는 가래를 필요 없다고 뱉었는데 남이 뱉은 큰 가래를 보고 좋아서 먹는 사람이 어디에 있겠습니까?"

그는 이렇게 말하며 빔비사라왕의 모든 제안을 거절했습니다. 싯다르타는 스스로 왕위를 버렸는데 자신이 왜 남의 나라 왕위를 갖겠느냐면서 이를 가래에 비유한 거예요.

이처럼 싯다르타는 세속의 방식으로는 자기의 고뇌를 해결할 수 없다는 확고부동한 생각을 가지고 있었습니다. 이런 생각이 싯다르타가 정진에 집중할 수 있는 원동력이었습니다.

싯다르타의 확고한 의지를 알아차린 빔비사라왕은 이렇게 말했습니다.

"알겠습니다. 당신이 찾고자 하는 길을 발견하고 목표를 이루거든 부디 이곳 라자그리하로 오셔서 당신이 얻은 그 법을 나를 위해 설해 주십시오. 나는 당신을 스승으로 모시고,

당신을 위해 모든 것을 제공하겠습니다.''

빔비사라왕과 헤어진 싯다르타는 라자그리하를 떠나 가야 근교에 있는 시체를 버리는 숲인 둥게스와리에 들어가서 온 힘을 다해 정진을 했습니다. 붓다가 깨달음을 얻기 전에 여기서 정진을 했다고 하여 전정각산前正覺山이라고 부릅니다. 하지만 둥게스와리는 시체를 갖다 버리는 '더러운 땅, 부정한 땅'이라는 뜻입니다.

극한의 고행을 하다

부처님은 그곳에서 6년간 극한의 고행을 했습니다. '어떤 사람도 아직까지 행하지 못한 정진을 내가 한번 해 보리라' 이렇게 결심을 했다고 합니다. 스승을 찾아 배울 만큼 배워도 고뇌를 완전히 해결할 수 없어서 결국 스스로 세상의 어느 누구도 가지 않은 길을 가 보겠다고 생각한 겁니다. 추위도 피하지 않고, 더위도 피하지 않고, 독충도 피하지 않았습니다. 먹는 음식도 점점 줄였습니다. 경전 기록을 보면 하루에 대추 한 알을 먹고, 이틀에 한 알 먹고, 사흘에 한 알을 먹었다고 되어 있습니다. 육신이 말라비틀어져 해골에 비닐 조각 하나 덮어씌운 것 같은 모습에 이르도록 용맹 정진을 했습니다. 죽음의 그림자가 늘 눈앞에서 어른거릴 정도였다고 해요.

번뇌가 일어나면 수행에 더욱 매진하겠다는 결심을 했습니다. 경전 기록에는 마왕 파순이 고행을 포기하고 집으로 돌아가면 전륜성왕의 자리를 주겠다고 유혹을 했다고 합니다. 싯다르타는 이 유혹에도 굴복하지 않았습니다.

"나는 항복하지 않는다. 너희의 첫 번째 군대는 탐욕貪慾이요, 두 번째는 성냄인 진에瞋恚요, 세 번째는 어리석음인 우치愚癡다. 나는 이에 굴복하지 않는다."

싯다르타가 마왕의 유혹에도 흔들리지 않은 것은 엄청난 각오와 결심으로 정진했다는 것을 의미합니다. 그가 수행 정진하던 시타림에는 천민 아이들이 시체 더미 속에 쓸 만한 물건이 있나 찾으러 오기도 하고, 양 떼를 이끌고 먹이기 위해 오기도 했습니다. 아이들이 시타림에 왔다가 정진하는 싯다르타를 보고는 그가 죽은 사람인지 아닌지 내기를 할 정도로 극심한 고행을 했습니다. 그렇게 6년을 정진했는데도 싯다르타는 깨달음을 얻지 못했어요. 이렇게 최선을 다해서 할 수 있는 데까지 고행했는데도 깨달음을 얻지 못하고 열반에 이를 수 없으니까 낙담하고 실망할 수밖에 없었겠죠?

싯다르타는 그때 자신의 삶을 한번 돌아봤습니다. 출가하기 전 젊은 시절에는 그냥 욕망을 따라갔어요. 욕망을 채우면 즐겁고 기뻤던 그때의 삶은 욕망을 좇는 길, 쾌락주의의 길이었습니다. 하지만 그 길에서는 고뇌에서 완전하게 벗어나지 못했습니다. 그래서 출가 후에는 무조건 욕망을 부정하고 억제하는 고행주의의 길을 걸었습니다. 그러나 이 또한 자유와 해탈의 길이 아니었습니다. 심지어 당시 고행을 할때는 어릴 때 농경제에 참여한 뒤 '왜 하나가 살기 위해서는 다른 하나가 죽어야 하는가?' 하고 명상했을 때의 고요함에도 이르지 못했다는 기록이 남아 있을 정도입니다.

다른 사람들이 볼 때는 엄청나게 수행 정진하고 있었지만, 정작 본인의 마음 상태는 긴장 속에 있을 뿐 고요함 속에 있는 것이 아니었습니다. 싯다르타는 자신의 삶을 돌아보면서 새로운 길을 발견했습니다.

'욕구와 욕망을 따라가면 결국은 과보를 받고, 욕구와 욕망을 억제해도 결국에는 고통을 받는구나. 어느 쪽이든 다 괴로움이구나' 하는 것을 깨닫게 되었습니다. 싯다르타는 왕자로서 쾌락의 극치를 누렸고, 수행자로 6년간 정진하며 고행의 극치를 경험했습니다. 그리고 이 두 길이 모두 해탈의 길이 아니라는 사실을 알게 되었습니다.

새로운 길, 중도를 발견하다

싯다르타는 6년간 고행한 끝에 어떤 길이 열반과 해탈의 길인지 돌아보았습니다. 결국 욕구를 따르는 것도 욕구를 억압하는 것도 모두 극단일 뿐 해탈의 길이 아니라는 것을 알게 되었습니다. 그리고 이 둘을 놓아 버리는 제3의 길을 발견했습니다. 이를 '중도中道'라고 합니다. 중도는 '중간'이라는 뜻이 아니라 '해탈로 가는 바른길'을 의미합니다.

부처님이 출현하시기 전부터 인도 문화에서는 '진리를 깨달은 사람'을 뜻하는 '붓다'를 비롯해 '해탈, 열반, 고행, 사문' 등과 같은 말들을 이미 사용하고 있었습니다. 그런데 '중도'는 부처님이 처음 쓰신 말입니다. 쾌락과 고행, 이 둘을 모두 떠난 제3의 길을 '중도'라고 합니다.

중도는 욕구를 욕구인 줄 알아차릴 뿐 욕구에 끌려가지도 않고 욕구를 억압하지도 않습니다. '욕구가 일어나는구나' 하고 알아차림으로써 긴장하지도 않고 억제하지도 않으며, 유혹에 끌려가지도 않고 저항하지도 않습니다. 편안한 가운데 다만 욕구를 욕구인 줄 알아차릴 뿐입니다.

즉 각고의 수행 끝에 스스로를 돌아보고 양쪽 극단에서 벗어나 중도를 발견해 욕구로부터 자유로워지는 길을 알게 된 것입니다. 다시 말하면, 욕망을 즐기는 세상 속에 진리의 길이 있거나 금욕하는 가운데 진리의 길이 있는 것이 아니라는 거죠. 우리는 진리가 세상 속에 있다든지, 또는 세상 밖에서 진리를 찾을 수 있다든지 하는 오해를 합니다. 하지만 진리는 세상 속 혹은 세상 밖의 문제가 아니라 우리 마음의 문제입니다. 이를 발견하고 나니 싯다르타는 긴장이 풀어지고 마음이 편안해졌습니다.

그 후 숲에서 나와 강변에 가서 목욕을 했습니다. 예전에 고행을 할 때는 목욕이 몸의 욕망을 따르는 길이라고 여겨 목욕을 하지 않았습니다. 또 부드러운 음식도 먹지 않았고 앉을 때도 자리에 무언가를 깔고 앉지 않았습니다. 그러나 이제는 고행의 무익함을 알기에 더는 그런 극단적인 행동을 하지 않았습니다.

그는 그동안의 고행으로 너무 허기진 상태였기 때문에 목욕을 하다 강가에 쓰러졌습니다. 물에 떠내려가다가 나뭇가지를 잡고 기어올라 왔습니다. 인도에서는 모든 사물에 신이 있다고 생각합니다. 그래서 이 상황을 나무 신이 가지를 늘어뜨려 그를 건져 올렸다고 표현하고 있습니다. 수자타라는 소녀가 강가에 우유를 짜러 왔다가 한 수행자가 쓰러져 있는 모습을 보았어요. 수자타는 우루벨라 마을 촌장의 딸이었습니다. 그녀는 집에 가서 유미죽이라고 하는 미음을 끓여 와 그 수행자에게 공양을 올렸습니다. 그는 이것을 먹고 조금씩 건강을 회복했습니다.

그런데 이 모습을 보고 같이 수행을 하던 다섯 친구는 그곳을 떠나 버렸습니다. 수행자가 고행할 때 해서는 안 되는 목욕을 하고, 먹지 말아야 할 부드러운 음식을 먹는 것을 보고 실망한 것입니다.

"싯다르타는 수행을 포기했구나. 왕자 출신은 결국 어쩔 수 없어."

지금까지 함께 수행했던 다섯 친구는 그동안 싯다르타가 고행하는 것을 보고 존경했는데, 그가 고행을 내려놓았다고 여겨 실망해서 다른 곳으로 가 버렸습니다. 싯다르타가 고행을 포기한 증거가 바로 목욕을 하고, 유미죽을 먹고, 풀을 깔고 앉았다는 것입니다.

다섯 친구가 떠나고 홀로 남은 싯다르타는 건강을 회복하고 강 건너 보리수나무 아래서 다시 정진을 시작했습니다. 마침 목동이 길상초라고 하는 풀을 베고 있어서 풀 한 줌을 얻어 나무 밑에 깔고 앉았습니다. 이제 편안하게 앉아서 마지막 정진을 했습니다.

부처님의 6년 고행에서 가장 중요한 것은 인간이 할 수 있는 데까지 고행을 했다는 점입니다. 우리가 무언가를 조금 하다가 그만두면 미련이 남죠. '좀 더 해 볼 걸…' 하는 마음이 들죠. 그런데 부처님은 사람이 할 수 있는 끝까지 고행을 해 봤기 때문에 고행에 더는 미련이 없었습니다. 그래서 새로운 길인 중도를 발견할 수 있었습니다.

불교의 가르침 가운데 핵심이 중도입니다. 역사적으로 비슷한 시기에 다른 문화권인 중국에서 공자가 중용지도中庸之道, 즉 중용中庸을 말했습니다. 조금 후대이긴 하지만 그리스 문명권에서도 아리스토텔레스가 중도를 말했습니다. 그런데 부처님은 수행의 관점에서 중도를 말했고, 다른 두 사람은 정치 문제에서 중용, 중도를 얘기했습니다.

부처님은 넘치지도 모자라지도 않고, 이쪽에도 저쪽에도 치우치지 않는 양극단을 뛰어넘는 새로운 길을 발견했습니다. 즉 한쪽으로 치우친 쾌락과 고행을 떠나서 가장 바른길, 정도正道인 '중도'를 발견한 것입니다. 그리고 '중도'라는 수행법으로 드디어 깨달음을 얻었습니다.

이론이 아니라 자신의 경험 속에서 중도를 발견하고 그 어디에도 구애받지 않고 바른길, 진리의 길인 '중도'를 따라 수행 정진하면서 마지막 깨달음의 길에 이르렀습니다. 다시 말하면, 깨달아서 중도를 발견한 것이 아니라 중도를 발견하고 이를 따라 수행 정진해서 깨달음을 얻었다고 할 수 있습니다.

깨달음의 성취

나의 삶 속에서 중도를 실천하다

제가 경험한 중도는 인도에 처음 도착했을 때였습니다. 앞에서 이야기했듯이 당시 처음 만난 인도 여인이 갓난아기에게 줄 분유를 사 달라는 것을 거절했는데, 나중에 큰 죄책감이 들었습니다. 그래서 그 이튿날부터는 여행을 위한 기본적인 생필품만 빼고 제가 가진 돈과 옷을 구걸하는 아이들이 달라는 대로 모두 나누어 주었습니다. 그랬더니 구걸하는 아이 20-30명이 저를 계속 따라다녔어요. 그러자 같이 여행 간 사람들이 '이런 상태로 어떻게 여행을 계속하냐'며 저를 비난했습니다. 그때 저는 구걸하는 인도 여인의 일로 충격받아서 갑자기 그런 행동을 했는데, 그것이 오히려 일행에게는 큰 장애가 되었던 거예요.

그렇게 여행하던 중에 하루는 시골길에 차를 세우고 조그만 찻집에서 짜이 한잔을 마시는데, 근처에 몇 명의 아이가 보여 제가 아이들에게 손짓하며 말했어요.

"얘들아, 이리 와. 사탕 줄게."

그런데 아이들이 올 듯하더니 안 오는 거예요. 그래서 제가 사탕 봉지를 들고 가까이 가니까 아이들이 도망가 버렸어요. 그 순간 저는 깨달았습니다.

'관광객이 자꾸 뭘 주니까, 저 아이들이 거지가 되는 거구나. 내가 아이들을 구걸하게 만들었구나.'

그곳 시골 아이들을 보면서 그동안의 제 행동을 반성했습니다. 시골 아이들도 도시에서 본 아이들과 마찬가지로 가난하지만 아무도 주는 사람이 없다 보니 구걸을 하지 않는 거였습니다. 그래서 저는 그다음부터는 구걸하는 아이들에게 아무것도 주지 않았습니다. 아무리 달라고 해도 '사탕 하나로 너희 인생이 바뀌는 것도 아니고, 오히려 사탕 하나가 너희를 거지가 되게 만든다. 돈이 없어서 안 주는 게 아니라 너희를 위해 안 주는 거야' 하는 마음으로 아이들에게 아무것도 주지 않고 다녔습니다.

그런데 부다가야 근교에 있는 수자타탑 터에 갔을 때였어요. 두 발을 사용하지 못하고 두 손으로 걷는 장애를 가진 아이를 만났어요. 그가 "박시시 박시시" 하고 구걸하면서 계속 따라왔는데 저는 돈을 주지 않고 그냥 갔어요. 안 준다고 가라고 해도 그 아이는 가지 않고 우루벨라 카사파 교화 터까지 거의 1킬로미터나 되는 거리를 계속 따라오는 거예요. 그때 저는 다시 딜레마에 빠졌습니다.

'이 아이에게 돈을 안 주는 게 바른길인가?'

줄 수도 없고 안 줄 수도 없는 상황이었습니다. 돈을 안 주면 가난한 사람을 외면하는 인색한 사람이 되는 것이고, 불쌍하다고 돈을 주면 내 만족만 될 뿐 자칫 잘못하면 아이들은 거지가 되는 문제가 발생합니다. 이런 딜레마에 빠져 고민한 거예요.

그런 고민을 하면서 부처님이 6년간 고행한 곳에 갔습니다. 동굴로 올라가는 길에 구걸하는 아이들이 너무 많았어요. 함께한 일행에게 물었습니다.

"오늘이 일요일입니까?"

"오늘은 일요일이 아닙니다."

"그런데 아이들이 왜 학교에 가지 않고 여기서 구걸을 하고 있습니까?"

"이곳에는 학교가 없다는군요."

"아이들이 저렇게 많은데 학교가 없다니 말이 됩니까?"

다시 물었지만 그곳에는 아이들을 위한 학교가 정말 없다는 말뿐이었습니다.

전정각산에서 내려와 마을 노인 몇 명과 마을 상황에 대해 얘기를 나누다가 생각이 하나 떠올랐습니다. 가난한 아이들에게 도움을 주되 구걸하지 않도록 하는 방법이었어요. 그곳에 학교를 세워 아이들이 공부할 수 있도록 하면 되겠다는 생각이었습니다. 그렇게 학교를 만들게 되었습니다.

그 일을 시작하면서 마을 대표에게 제안했습니다.

"나는 외국에서 온 사람이고 스님이라서 아이도 없습니다. 하지만 이곳은 당신들 나라이고, 아이들은 당신들 아이입니다. 그러니까 당신들도 뭘 좀 함께해야 하지 않겠습니까?"

그들은 가진 게 없어서 아무것도 할 수 없다고 했어요. 그래서 마을 사람들에게 학교 부지로 사용할 땅이라도 내놓으라고 했습니다. 그랬더니 마을 사람 열 명이 농사짓기 가장 어려운 땅을 조금씩 보시했어요. 그걸 보고 사람들이 우스갯소리로 '스님이 가장 극빈촌에 가서 기부를 받았다'고들 합니다. 그렇게 마을 사람들과 어울려서 아이들을 위한 학교를 짓기 시작했습니다. 국제 구호 단체인 JTS(Join Together Society)를 설립해 활동한 지 30여 년이 지난 지금은 병원과 초등학교 두 개, 중학교 한 개, 주변 15개 마을에 유치원 열다섯 개를 지어 해마다 2000여 명의 아이가 교육의 혜택을 받고 있어요. 여기서는 교육이나 진료 등 모든 걸 무료로 하고 있습니다.

  인도에서 처음 만난 여인이 구걸했을 때 아기 분유를 사 주지 않은 제 행동이 잘못되었다고 생각하고 반성을 했습니다. 그다음에 구걸하는 아이들에게 무조건 주기만 한 저의 행동은 제 선의와는 무관하게 나쁜 결과로 나타나기도 했습니다. 하지만 지금 돌이켜 보면, 그런 과정을 겪었기 때문에 가난한 인도 아이들을 위해 학교를 지을 생각까지 하게 되었던 거죠.

  학교를 지을 때도 그냥 지어 주는 게 아니라 그 지역 주민들과 의논해서 땅은 주민들이 제공하고 건축 자재는 JTS가 부담하기로 했습니다. 그리고 학교 건물을 짓는 데 주민들도 참여하고 밥도 같이 해 먹으면서 다 함께 학교를 만들어 갔습니다. 일방적으로 상대에게 베푼 것이 아니라 조인 투게더(Join Together), 만나서 함께 일을 하게 된 거죠. 그들의 상황에 맞는 길을 찾아가는 것, 이것이 여행에서 경험한 중도의 체험이었습니다.

  중도라는 것은 정해진 길이 아닙니다. 중도는 탐구하고 또 탐구해서 가장 적절한 길을 찾아 나가는 것, 치우침이 없는 길입니다. 제가 하는 즉문즉설 강연에서도 정해진 얘기를 하는 게 아니라 사람들의 얘기를 듣고 그 사람의 형편과 처지에 맞게, 그 사람이 지금 고뇌에서 벗어날 수 있는 해결책을 제시합니다. 그것이야말로 붓다의 가르침, 중도의 길이 아닐까 생각합니다. 그래서 불교에서는 얼마나 많은 지식을 가졌는가는 중요하게 여기지 않습니다. 부분적인 해결책이라 하더라도 실제 우리 삶 속에서 제기되는 문제에 대해 끊임없이 해결책을 찾아 나가는, 탐구하는 자세가 더 중요합니다.

즐거움과 괴로움이 되풀이되다

  새로운 길, 새로운 관점을 찾은 부처님은 극한의 고행을 했던 전정각산으로 돌아가지 않았습니다. 강 건너 숲이 우거진 곳에 있는 보리수나무(원래 이름은 핍팔라이지만 부처님이 깨달음을 얻은 후 '보리수'라는 이름으로 불림) 아래 목동이 준 길상초를 깔고 앉아서 정진했습니다. 부처님은 이제 굳게 각

오하고, 결심하고, 긴장하면서 정진하지 않았습니다. 편안한 상태로 오롯이 깨어서 정진했습니다. 그리고 보리수 아래서 편안한 가운데 선정에 들었습니다.

그런데 점점 마음이 안정되고 정신이 맑아지고 깊어지는 가운데 마음 저 깊은 곳에서 욕망과 두려움의 뿌리가 드러나기 시작했습니다. 경전에는 이것을 마왕의 세 가지 유혹이라고 묘사하고 있습니다. 이 유혹은 욕계에서 가장 높은 천상을 다스리는 자재천왕인 마왕이 일으킨 것입니다. 인도 전통문화에서는 욕계의 천상 중에서도 가장 높은 곳을 타화자재천他化自在天이라고 하는데, 이곳은 자재천왕이 다스립니다. 여기서 '타화자재'는 내가 원하는 것은 무엇이든 마음대로 되는 세상입니다. 우리 인간이 그토록 바라던 최상의 천상입니다. 그러나 수행의 관점에서 보면 자재천왕은 수행을 방해하는 존재입니다. 그래서 마왕이라고 부릅니다.

어느 날 갑자기 자재천궁이 흔들리자 자재천왕이 세상을 내려다보았습니다. 그랬더니 저 인간 세상에서 티끌보다도 작은 한 인간이 모든 생명이 갖고 있는 욕망으로부터 자유로워지려고 하고 있었어요. 욕망으로부터 자유로워지면 욕망으로 이루어진 이 세상이 무너지니까 마왕의 마음이 다급해졌습니다. 그래서 이를 막기 위해 마왕은 자신의 세 딸을 내려보냈어요. 세상에서 가장 아름다운 모습을 하고 나타난 마왕의 세 딸은 부처님이 수행을 포기하도록 유혹했습니다.

"꽃 피고 새 우는 이렇게 좋은 봄날에 젊은 수행자가 혼자 정진하다가 이 숲속에서 죽으면 누가 알아주겠습니까? 청춘은 한번 가면 다시 돌아오지 않습니다. 그러니까 젊을 때 우리와 같이 즐기다가 나중에 늙어서 정진해도 되지 않겠어요?"

이렇게 유혹했습니다. 하지만 부처님이 손가락으로 그 여인들을 가리키니 곧바로 노파로 변해 버렸습니다. 여기서 젊은 여인은 즐거움을, 노파는 괴로움을 상징합니다. 이 표현은 '즐거움이 곧 괴로움'이라는 사실을 부처님이 꿰뚫어 알았다는 상징적인 의미가 있습니다.

또 다른 표현으로는 '잘 채색된 항아리에 똥만 가득 든 것'이라고 되어 있는데, 이 또한 상징적 표현입니다. 밖으로 잘 채색된 항아리가 즐거움인 낙樂이라면, 똥은 괴로움인 고苦를 의미합니다. 이는 고락苦樂이 같은 것임을 뜻합니다. '인생은 고苦'라고 말하면 인생은 모두 괴로움이라는 염세주의로 받아들이기 쉬운데, 그런 의미가 아니에요. 인생에서 즐거움이라는 것의 본질이 괴로움이라는 뜻입니다. 즐거움이 곧 괴로움이라는 얘기죠. 욕망이나 욕구를 따르면 그것이 이루어질 때는 즐거움이 생기지만 이루어지지 않으면 괴로움이 생깁니다.

우리는 괴로움을 버리고 즐거움만 얻고자 하는데 현실에서는 결코 이루어질 수 없습니다. 욕망이 채워지고 즐거움을 얻는다 하더라도 그 욕망이 가만히 멈추어 있지 않습니다. 욕망은 더 커지고, 커진 욕망이 채워지지 않으면 또다시 괴로움이 생깁니다. 이렇게 욕망을 채우는 것으로는 완전한 즐거움, 지속 가능한 즐거움에 영원히 이를 수 없습니다.

부처님은 정진하면서 이미 즐거움과 괴로움을 분리할 수 없다는 것을 알았습니다. 그 괴로움의 뿌리가 욕망에 있으니 욕망으로부터 자유로워져야 괴로움이 없어집니다. 그런데 욕망으로부터 자유로워져 괴로움이 없어지면 즐거움도 같이 없어집니다.

어리석은 사람은 즐거움을 구하기 때문에 필연적으로 괴로움이 따릅니다. 반면에 지혜로운 사람은 괴로움을 영원히 없애기 위해 즐거움마저 버립니다. 그래서 수행자에게 행복이라는 것은 즐거움이 아니라 괴로움이 없는 상태, 즉 편안한 마음, 고요 적정한 상태라고 표현합니다. 이를 '열반'이라고 합니다.

앞에서 자재천왕의 유혹에 대해 이야기했는데, 즐거움과

괴로움은 계속 되풀이됩니다. 이것을 윤회라고 해요. 인도 전통 사상에서 말하는 윤회는 사람이 죽어서 소가 되거나 말이 되어 다시 태어나는 것을 의미하지요. 하지만 부처님이 말씀하신 윤회는 우리의 즐거움이 괴로움으로 변하듯이, 즐거움이 지속 가능하지 않다는 것입니다. 즐거움과 괴로움이 되풀이되는 이 괴로움을 윤회고輪廻苦라고 했습니다. 윤회에서 벗어난다는 것은 괴로움이 없는 경지에 이른다는 겁니다.

자비심으로 미움과 성냄을 넘어서다

부처님이 자재천왕이 보낸 여인들의 유혹에서 벗어난 것은 욕망에서 벗어났음을 뜻합니다. 유혹에 실패한 마왕은 다시 천 명의 부하를 보내서 활을 쏘고, 창을 던지고, 불을 던지며 부처님을 공격하도록 했습니다. 남이 나를 공격하면 어떨까요? 두려워지고 화가 나고 성질이 납니다. 그런데 부처님은 자신을 공격하는 그들을 불쌍히 여기는 마음, 자비심을 냈어요. 그러자 부처님 몸 가까이 날아오던 창이나 화살이 연꽃으로 변해서 떨어졌습니다. 마왕의 군대는 부처님의 자비심에 굴복했습니다. 여기서 묘사된 것의 의미는 마음속 깊이 뿌리박힌 성냄, 분노, 적개심, 미움 같은 것들이 모두 사라져 버렸다는 거예요.

이렇게 욕망과 성냄으로부터 벗어난 부처님에게 이번에는 마왕이 직접 나타났습니다.

"수행자여, 그대가 수행을 포기하면 마왕의 자리를 주겠노라."

원하는 것은 무엇이든 이룰 수 있는 마왕의 자리를 부처님에게 줄 테니 이 욕계欲界를 붕괴시키지는 말라는 것이었습니다. 하지만 부처님은 다음과 같이 대답했습니다.

"나는 아무것도 바라는 바가 없다."

바라는 바가 있어야만 욕계가 존립하는데, 부처님은 아무것도 바라는 바가 없으니 마왕의 유혹에 넘어가지 않았던 것입니다. 그러자 마왕은 다시 말했습니다.

"그렇게 수행한다고 깨달음을 얻어서 해탈과 열반에 이르지는 못한다."

부처님은 이렇게 답했습니다.

"너는 한 번 큰 공덕을 지어서 그 공덕으로 지금 마왕의 자리에 올랐지만, 나는 과거 생에 한량없는 공덕을 지었으므로 깨달음을 얻을 수 있다."

이를 듣고 마왕은 자기가 지은 큰 공덕으로 위대한 자재천

광이 된 것은 세상 모든 사람이 다 알지만, 초라한 행색의 수행자가 한량없는 공덕을 지었다는 걸 누가 알겠냐며 비웃었습니다. 그러자 부처님은 선정의 자세에서 한 손을 들어 정수리를 만지고 무릎을 쓰다듬고 다시 땅을 가리키며 말했습니다.

"지신이여, 내 과거의 공덕을 증명하라."

그 순간 지신이 땅에서 솟아 일어나 부처님이 과거 생에 지은 한량없는 공덕을 하나하나 얘기했습니다. 그 얘기를 들은 마왕은 부끄러워서 물러나고 말았습니다.

부처님이 깨달음을 얻은 그날 밤, 오른손으로 땅을 가리키고 왼손은 선정하는 자세를 취한 모습을 항마촉지인降魔觸地印이라고 합니다. 이는 마왕에게 항복을 받을 때 땅을 가리키는 손 모양이라는 뜻입니다.

연기법, 세상의 모든 것은 연관되어 있다

부처님은 마왕의 항복을 받고 깊은 명상 속에서 새벽녘에 샛별이 비치는 걸 보고 마침내 깨달음을 얻었습니다. 그러자 어두운 밤에 불이 켜지듯이 세상의 실제 모습인 진실상眞實相

이 다 보였습니다. 지금까지 본 세상의 모습은 어땠을까요? 이 세상은 독자성을 가진 수없이 많은 개체가 모여 이루어져 있다고 생각해서 '삼라만상森羅萬象'이라고 표현합니다. 수많은 개체의 집합체인 세계에서 개체들은 상호 경쟁하며 약육강식과 적자생존 하는 모습이었는데, 부처님께서 눈을 뜨고 보니 실제 세상은 그렇지 않았습니다. 모든 존재는 개별적이고 독립적인 것이 아니라 전부 서로 연관되어 있는 거예요.

  손을 예로 들어 보죠. 손바닥 부위를 가리고 다섯 개의 손가락만 본다면 손가락은 별개로 보입니다. 모양도 다르고 역할도 달라요. 그런데 손바닥 가린 것이 사라지면 그 다섯 개의 손가락이 한 손에 연결되어 있음을 알게 됩니다. 이 세상 천하 만물은 물질적으로든 정신적으로든 서로 떨어진 개별적 존재가 아니라 모두 연관된 존재들입니다. 이것을 연기緣起라고 합니다.

  부처님이 무엇을 깨달았냐고 하면, 경전에는 '연기법을 깨달았다'고 쓰여 있습니다. 연기법이란 공간적으로 서로 연관된 존재라 개별적 단독자가 없고, 시간적으로 서로 원인과 결과로 연결된 존재라 항상하지 않고 변화한다는 것입니다. 원인이 있어서 결과가 있다는 거예요. 또한 이는 결과가 있다면 반드시 원인이 있다는 것을 의미하기도 합니다.

부처님은 이렇게 시공간의 천하 만물이 다 연관되어 있는 연기법의 실상을 깨달은 것이지요.

　연기법을 깨닫고 세상의 진실상을 알게 되니 부처님이 어릴 때 가졌던 의문이 다 풀렸습니다. 인도 계급 사회의 브라만과 왕족이 따로 있고 평민과 노예가 따로 있는 것이 아니었습니다. 하나로 연관되어 있는 거예요. 양반과 상놈도 따로 있는 게 아니라 모두 연관되어 있었습니다. 그래서 상놈이 사라지면 양반이 사라지고, 양반이 사라지면 상놈도 사라져 버립니다. 그래서 부처님은 귀하고 천한 것은 존재의 모습이 아니라 우리가 잘못 인식하고 있다고 말하는 것입니다. 당시로서는 이러한 깨달음이 엄청나게 혁명적인 것이었습니다. 이 법을 깨달으니 내가 천하다고 기죽을 일도 아니고 내가 귀하다고 교만할 일도 아닌 거죠. 이를 다음과 같이 노래하고 있습니다.

　이것이 있으므로 저것이 있고,
　이것이 없으면 저것도 없다.
　이것이 생겨나므로 저것이 생겨나고,
　이것이 사라지면 저것도 사라진다.

이후에 부처님은 '실제의 모습이 어떠한가?' 하는 관점에서 모든 사람을 만나고 대화했습니다. 부처님은 어떤 이익을 위해서, 또는 어떤 편견을 가지고 가르침을 펼치고 주장한 게 아니에요.

본래 모든 존재는 상호 연관되어 있으니 귀하고 천한 것도 없고 높은 것도 낮은 것도 없다는 것입니다. 우리의 어리석음에 의해 형성된 잘못된 인식의 세계에서 귀함과 천함, 내 것과 네 것이 존재할 뿐입니다.

이러한 부처님의 깨달음은 그동안 스승들을 만나서 요가 수행을 했던 것이나 선정을 닦는 것과는 차원이 달랐습니다. 나뭇잎 하나를 봐도, 모래 한 알을 밟아도, 그 모든 것이 나와 연관된 존재들임을 알았습니다. 이것이 부처님이 깨달은 위대한 연기법입니다.

지금까지 자동차를 구성하는 각각의 부속품 2만 개를 바구니에 담아만 놓은 것같이 세계를 이해했다면, 이제는 그 부속품들이 조립되어 한 대의 자동차가 된 것처럼 세계를 이해하게 되었습니다. 이것이 연기법입니다.

우리가 가진 많은 의문들은 연기법의 관점에서 이해될 수 있으며 해결책도 찾을 수 있습니다. 치우침이 없는 중도와 세계의 실상인 연기법, 이 두 가지는 불교만이 갖는 유일한

특징으로 고타마 붓다에 의해 처음으로 세상에 설해진 사물을 보는 관점입니다.

3장

중생을 구원하기 위해 전법에 나서다

바라나시 사르나트의 다멕 스투파

전법의 시작, 초전법륜

어떤 결과도 원인 없이 일어나지 않는다

부처님은 보리수나무 아래서 천하 만물이 서로 연기되어 있다는 사실을 깨달았습니다. 세상에 존재하는 모든 것은 서로 연관을 맺고 있다는 것입니다. 천하 만물이 공간적으로만 연관을 맺고 있는 것이 아니라 시간적으로도 원인과 결과로 연관을 맺고 있습니다. 그래서 어떤 결과도 원인 없이 일어나는 것은 없고 원인이 있으면 반드시 결과가 일어납니다. 이것을 '인연과보'라고 말합니다.

종교에서는 '인과응보'라는 말을 많이 합니다. 인과응보는 나쁜 행위를 하면 반드시 벌을 받고, 좋은 행위를 하면 반드시 복을 받는다는 권선징악의 개념이죠. 이건 종교에서 말하는 거예요. 하지만 인연과보는 원인이 있으면 결과가 있다는 물리학 법칙 같은 것입니다.

예를 들어 건물 옆을 지나가는데 간판이 떨어져서 머리를 다쳤다고 해 봅시다. 이때 이를 바라보는 인과응보와 인연과보의 관점은 다릅니다. 먼저 인과응보는 전생에 죄를 지었든 하느님의 벌이든 어떤 이유로든지 다칠 수밖에 없다고 말합니다. 즉 응징의 의미로 설명하는 거죠. 하지만 인연과보는 이와 다르게 해석합니다.

그 사람이 건물 옆을 지나갈 때의 시간과 바람의 세기, 간판의 상태 사이에 인(원인)과 연(조건)이 맞아떨어져서 다쳤다고 말합니다.

이처럼 인과응보와 인연과보는 전혀 다릅니다. 그렇다면 인연과보의 관점에서 보면 어떻게 해야 할까요? 우선 병원부터 가야 합니다. 그리고 왜 다쳤는지 원인을 찾아야 합니다. 낡은 간판이 바람에 떨어진 것이 원인이라면 주위의 간판을 조사해서 이런 사고가 다시는 나지 않도록 해야겠죠. 인연과보는 이런 관점이기 때문에 현재와 미래를 개선하는 실천으로 이어지므로 인과응보와는 완전히 다릅니다.

인과응보는 대부분의 종교에서 말하는 관점입니다. 옛날

사람들은 어떤 사람이 나쁜 짓을 했는데 지금 벌을 받지 않으면 언젠가는 하늘이 징벌을 할 것이라고 생각했습니다. 이번 생에 벌을 받지 않으면 다음 생에라도 벌을 받을 거라는 종교적인 믿음을 가졌죠. 반면에 인연과보는 연기법을 바탕으로 한 사물의 변화 법칙입니다.

귀 닫은 자, 법을 듣지 못하다

붓다는 자신이 깨달은 연기법과 중도, 인연과보의 법칙을 다른 사람들과 나누고 싶었습니다. 이것을 이해할 수 있는 사람을 생각하니 예전에 자신이 가르침을 받았던 두 분의 스승이 떠올랐습니다. 그런데 두 스승은 나이가 많아서 이미 다 돌아가신 후였어요. 두 번째로 생각난 사람은 6년간 자신과 같이 수행하다가 떠나 버린 친구들이었습니다. 붓다가 극심한 고행 끝에 고행의 무익함을 깨닫고, 냇가에서 목욕하고 수자타가 준 유미죽을 먹는 모습에 그들은 실망했습니다.

"고타마는 수행을 포기했다."

다섯 친구는 함께 고행하던 붓다를 비난하고 떠나 버렸습니다. 그 후 그들은 250킬로미터 떨어진 바라나시의 사르나트 지역 시타림에서 수행하고 있었습니다. 붓다는 다른 사람들보다는 그들이 자신이 깨달은 중도와 연기법을 가장 알아듣기 쉬울 거라고 생각했습니다. 그래서 친구들을 찾아 먼 길을 떠났습니다.

  붓다가 깨달음을 얻고 처음 만난 사람들은 그 친구들을 찾아가는 길에서 만난 이들이었습니다. 길을 가는 중에 여러 사람을 만나 법을 설할 기회가 있었던 거죠. 깨달음을 얻고 다섯 주가 지난 어느 날, 한 브라만을 만났습니다. 그 브라만은 고귀함은 어떤 것이냐고 붓다에게 물었습니다. 그러자 붓다가 대답했습니다.

  "고귀함이라는 것은 태어남에서 결정되는 것이 아닙니다. 고귀함은 그 사람의 행위로 이루어집니다."

  브라만은 붓다의 가르침을 받아들이지 못했습니다. 붓다의 말이 자신이 알고 있는 것과 달랐기 때문에 받아들일 수 없었던 거죠. 브라만의 생각에 '고귀함은 출생으로 주어지는 것'인데, 붓다가 '말하고 행동하는 것에 따라서 고귀함이 생긴다'고 하니까 콧방귀를 뀌고 지나가 버렸습니다.

  그 뒤 일곱째 주에 두 상인이 지나가다가 붓다에게 공양을 올렸습니다. 그들은 수행자에게 공양을 올리면서 자신들의 안전을 빌었을 뿐 법을 묻지 않았습니다. 또 갠지스강에 이르렀을 때도 뱃사공은 뱃삯을 주지 않는다고 붓다를 태워 주지 않았어요. 그는 먹고살기 바빠서 법을 들을 귀를 갖지 못했던 겁니다.

붓다가 길에서 만났던 이들의 모습은 현대인들의 모습과 같습니다. 예나 지금이나 사람들은 고귀한 신분이나 지위, 명예, 복에 집착합니다. 아니면 일상생활에 쪼들려서 살기에 급급합니다. 또는 어떤 이념, 사상에 집착합니다. 이렇게 되면 법을 보고 들을 수 있는 눈과 귀를 잃어버립니다. 이는 붓다의 일생에서만 볼 수 있는 일이 아닙니다. 예수의 일생에서도, 공자나 다른 성인의 교화 사례에서도 볼 수 있는 얘기입니다.

법륜의 첫 바퀴를 굴리다

붓다는 갠지스강을 건너 사르나트에 있는 다섯 친구를 찾아갔습니다. 옛 친구들은 멀리서 오는 사람이 고타마인 걸 보고 자기들끼리 말했어요.

"저기 고타마가 아니냐? 저 사람은 수행을 포기했는데 왜 우리에게 오는 거지? 우리한테 오거든 수행자로 예우하지

말자.''

이렇게 입을 맞췄어요. 수행자로 예우하는 것은 먼 길을 오면 발 씻을 물을 떠 주고 앉을 자리를 마련해 주는 거예요. 그런데 붓다가 가까이 오자 그들은 자기도 모르게 한 사람은 일어나서 물을 떠 오고 한 사람은 자리를 권했어요. 이는 붓다의 위대함 때문이 아니라 예전에 같이 지낼 때 붓다가 보여 준 신뢰 때문이라고 할 수 있겠죠.

붓다가 자리에 앉자 다섯 친구가 말했습니다.

"고타마여, 신수가 좋구려."

신수가 좋다는 말에는 '얼굴이 보기 좋네' 하는 인사의 의미도 있지만 '고행을 포기하고 맛있는 거 먹더니 얼굴이 좋아 보이네' 하는 비아냥도 들어 있습니다. 그러자 붓다가 말했습니다.

"나를 더 이상 고타마라고 부르지 마시오."

친구들은 어떻게 부르면 좋겠냐고 붓다에게 되물었습니다.

"여래如來라고 부르시오."

붓다의 대답을 들은 친구들은 믿기 어려웠습니다. 왜냐하면 '여래'는 '여여히 가다', '여여히 오다'라는 말로 진리로부터 오고 진리로 나아간다는 의미입니다. 다시 말해 가고 오는 것에 걸림이 없다는 뜻입니다. 한마디로 여래는 '일체의 번뇌를 소멸한 자, 완전히 깨달은 자'라는 뜻입니다. 친구들은 붓다에게 되물었습니다.

"당신이 깨달음을 얻었다는 겁니까?"

"옛날에 그렇게 고행을 해도 깨달음을 얻지 못했는데, 수행을 포기하고 어떻게 깨달음을 얻을 수 있습니까?"

친구들이 이처럼 믿을 수 없다는 얼굴을 하자 부처님이 그들에게 말했습니다.

"여러분, 지난 6년간 우리가 같이 있을 때 내가 한 번이라도 거짓말한 적이 있습니까?"

다섯 친구들은 붓다의 말을 듣고는 곧 생각을 바꾸어 붓다를 신뢰했습니다. 그리고 부처님에게 깨달은 바를 설해 줄 것을 청해 법석法席이 마련되었습니다. 붓다는 다섯 친구와 같이 초저녁에 명상을 하고 한밤에는 명상을 풀고 편안한 마음으로 있었습니다. 그리고 새벽녘에 법을 설했습니다. 긴장하거나 들뜬 마음을 가지면 진리를 듣고 이해하기가 어렵습니다. 아무런 선입관 없이 편안한 상태에서 서로 대화를 해야 하기에 그런 분위기를 마련한 것입니다.

부처님은 친구들에게 말했습니다.

"나는 출가 전에는 욕망을 따라가는 쾌락을 추구했습니

다. 출가 후 6년간 수행할 때는 욕망을 억제하는 고행을 했습니다. 그리고 이 둘은 모두 극단에 치우친 것임을 알았습니다. 나는 욕망을 따라가지도 않고 욕망을 억제하지도 않고, 다만 욕망을 욕망인 줄 알아차리는 중도의 길을 통해 깨달음을 얻었습니다. 여러분도 극단을 버려야 합니다."

그리고 인생이 '고'임을 파악하고, '고'의 원인을 규명하고, 그 원인을 소멸시키면 마음의 평화가 온다는 네 가지의 성스러운 진리, 사성제四聖諦를 설하고 그 방편으로 8가지 바른 가르침을 닦아야 함을 설했습니다.

이 법을 듣고 다섯 친구 중 한 명인 콘단냐가 지혜의 눈이 열렸어요. 이후 콘단냐는 '깨달은 콘단냐'라는 뜻으로 안냐 콘단냐라고 불렸습니다. 콘단냐는 자리에서 일어나 부처님을 향해 스승의 예로 절을 했습니다. 붓다는 친구의 행동을 보고, 그가 지혜의 눈을 떴음을 알게 되었습니다.

"오! 콘단냐가 깨달았다. 콘단냐는 깨달았어."

붓다는 기뻐했습니다. 하지만 나머지 네 명은 아직 깨달음을 얻지 못해 설법을 계속 들었습니다. 다시 사흘이 지나서 두 명이, 또 다시 사흘이 지난 후 남은 두 친구도 깨달음을 얻었습니다. 이렇게 다섯 친구 모두가 일주일만에 지혜의 눈이 열렸습니다. 그들은 붓다의 가르침에 큰 깨달음을 얻고 붓다의 첫번째 제자인 오비구五比丘가 되었습니다. 붓다가 말했습니다.

"오라, 비구들이여! 가르침은 잘 설해져 있다. 이곳에서 청정한 행을 닦고 괴로움을 소멸하라."

붓다의 다섯 친구를 깨닫게 한 첫 설법을 '법의 바퀴를 처음으로 굴렸다'고 해서 초전법륜이라고 합니다. 이렇게 첫 설법이 설해지고 오비구가 깨달음을 얻음으로써 삼보三寶가 갖추어졌습니다. 붓다가 불보佛寶, 사르나트에서 선포한 가르침이 법보法寶, 다섯 비구가 승보僧寶가 되었습니다.

법을 듣고 붓다에 귀의하다

어느 날 붓다와 다섯 제자가 안온한 상태에서 명상을 하는데 한 젊은이가 말을 타고 숲을 지나갔습니다. 그 젊은이를 보고 붓다가 말했습니다.

"저 젊은이는 내일 아침에 여기 와서 수행자가 될 것이다."

그 말을 듣고 다섯 비구는 반문했습니다.

"부처님, 그렇지 않습니다. 저 젊은이는 이 나라에서 제일

가는 부자, 구리가 장자의 외동아들 야사입니다. 그가 어떻게 수행자가 되겠습니까?"

야사는 말을 타고 붓다와 다섯 비구가 수행하는 시타림을 지나가고 있었습니다. 시체들이 썩는 냄새와 썩어 있는 모습을 보고는 인상을 쓰면서 지나가는데, 한 수행자가 그 시체 더미 속에 평온하게 앉아 있는 모습을 보고 놀랐습니다. 그 모습이 뇌리에 박혀서 합장을 하고 지나갔어요.

그날 밤 야사의 집에서는 큰 연회가 열렸습니다. 그는 친구들을 초대해서 무희들과 술을 마시고 춤추고 노래하며 즐겁게 놀다가 취해서 그 자리에 쓰러져 잠이 들었어요. 야사는 새벽녘에 일어났는데, 촛불이 가물가물 빛나는 중에 모든 사람이 쓰러져서 잠들어 있는 모습이 보였습니다. 친구들과 춤추던 여인들이 술에 취해 엎드려서 자거나 누워서 자고 있었습니다. 또 어떤 이들은 다른 사람의 몸 위에 다리를 걸친 채 자고 있었어요. 야사의 눈에는 이들의 모습이 마치 어제 시타림을 지나가다 보았던 함부로 엉켜 있는 버려진 시체의 모습과 똑같아 보였습니다. 야사는 고통스러워하며 집을 뛰쳐나갔어요.

"그렇게 아름답던 나의 연회장이 어떻게 시타림과 같은가? 아, 괴롭다. 괴롭다."

야사는 괴로워하다가 어제 시체 더미 속에서 편안하게 앉아 있던 수행자의 모습을 떠올리고 새벽녘이었지만 그 시타림으로 달려 갔습니다. 그곳에서 붓다를 만나 괴롭다고 하소연을 했습니다.

붓다는 야사에게 앉으라고 한 후 법을 설했습니다. 수행자도 아니고 쾌락만을 즐기던 야사였지만 붓다의 가르침을 듣고는 금방 깨달음을 얻었어요.

어떻게 그리될 수 있었을까요? 야사가 어젯밤에 열었던 연회는 즐거움이었습니다. 그런데 새벽에 봤을 때는 시체 더미와 같았습니다. 야사는 '즐거움이 곧 괴로움'이라는 것을 경험으로 깨달은 거예요. 즐거움과 괴로움이 둘이 아니라는 것을 체험했기 때문에 하얀 천에 물감을 들이면 금방 물들듯이 붓다의 가르침을 그냥 받아들인 것입니다.

지혜의 눈이 열린 야사는 그 자리에서 출가하겠다고 했습니다. 붓다는 "오라, 비구여. 여기 법이 잘 설해져 있도다" 하고 야사를 받아들였습니다. 당시에는 수행자가 되는 절차가 따로 있지 않았어요. 야사는 어두운 밤에 불이 밝혀지듯이 지혜의 눈이 열리면서 세상 모든 것이 허망한 줄을 알고 출가 수행자의 길로 나아갔습니다.

한편 야사의 집에서는 아침에 아들이 없어진 걸 알고 아버지인 구리가 장자와 집안 사람들이 아들이 갈 만한 곳을 다 찾아보았지만 어디에서도 찾지 못했습니다. 친구들도 어젯밤까지 같이 놀았지만 아침에 없어져 버렸다고 말했습니다. 구리가 장자는 마침내 바루나 강가에서 야사가 벗어 놓은 신발을 발견하고 강을 건너가 붓다를 만났습니다. 붓다에게 자기 아들을 보지 못했는지 물어보니, 붓다는 잠시 앉으라고 권한 후 장자가 흥분을 가라앉힐 수 있는 법을 설했습니다. 그리고 장자의 마음이 안정되자 야사를 불러 만나게 했습니다.

야사를 만난 구리가 장자는 기뻐하며 집으로 가자고 했습니다.

"너희 어머니가 너 때문에 얼마나 슬퍼하는지 모른다. 빨리 집으로 가자."

하지만 야사는 가지 않겠다고 했습니다.

"저는 여기서 수행자의 길을 가겠습니다."

아버지는 다시 아들에게 집으로 가자고 했습니다.

"다른 사람은 몰라도 너는 안 된다. 어릴 때부터 부유하게 자라서 이런 들녘에서는 살 수 없다. 독충이 있고, 야수가 있는 데서는 생활하지 못한다."

야사는 아버지에게 물었습니다.

"아버지, 제 얼굴을 한번 보세요. 제 얼굴이 옛날보다 편안해 보입니까, 아니면 더 불편해 보입니까?"

구리가 장자가 보기에도 아들의 얼굴은 편안해 보였습니다. 야사는 아버지에게 이어서 말했습니다.

"이렇게 편안한 삶을 두고 왜 그 괴로운 곳으로 가야 합니까?"

아들이 마음의 평안을 중심으로 말하니까 먹고 입고 자는 생활을 걱정하던 아버지는 더 이상 할 말이 없어져 버렸습니다.

야사가 붓다의 가르침을 듣고 이런 행복을 얻었다고 하니 구리가 장자도 붓다에게 법을 청해 들었습니다. 붓다는 야사의 아버지를 위해 법을 설했는데 설법을 듣고 야사의 아버지도 깨달음을 얻었습니다. 구리가 장자는 너무 기뻐서 자기의 깨달음을 이렇게 노래했습니다.

"위대하셔라, 세존이시여!
위대하셔라, 세존이시여!
마치 넘어진 자를 일으켜 세워 주심과 같고,
덮인 것을 벗겨 내어 보여 주심과 같고,
길을 잃고 헤매는 자에게 길을 가리켜 주심과 같고,

어두운 밤에 등불을 비춰 주심과 같이
여러 비유와 설법으로
저를 깨우쳐 주셨습니다.
저는 지금부터 부처님께 귀의합니다.
부처님의 가르침에 귀의합니다.
부처님의 가르침을 따르는 수행자들께 귀의합니다."

구리가 장자는 최초의 재가 수행자가 되었습니다. 그는 붓다를 자신의 집으로 초대했습니다. 붓다는 이튿날 야사 비구와 같이 구리가 장자의 집으로 가서 식사를 대접받고, 구리가 장자의 부인인 야사의 어머니와 야사의 부인을 위해서도 법을 설했습니다. 두 사람도 붓다의 설법을 듣고 지혜의 눈이 열렸습니다. 구리가 장자를 따라 두 사람도 재가 수행자의 길을 가게 되었습니다. 이로써 남자 출가 수행자, 남자 재가 수행자, 여자 재가 수행자가 생겨났습니다. 이후 여자 출가 수행자가 생기면서 사부대중四部大衆이 이루어집니다.

야사와 함께 놀던 네 명의 국내 친구는 야사가 출가수행을 하게 됐다는 사실이 도저히 믿어지지 않았습니다. 며칠 전까지만 해도 함께 쾌락을 즐기며 놀았는데, 야사가 출가수행을 한다는 것은 이상한 사람을 만나 꼬임에 빠졌기 때문이라 생각했습니다. 그래서 친구들은 야사를 그곳에서 구해 내야겠다며 야사를 찾아갔어요. 하지만 친구들도 야사의 권유로 붓다를 만나 설법을 들은 후 그들 또한 출가 수행자가 되었습니다. 야사에게는 여러 나라에 친구가 많았어요. 여러 나라에서 온 50명의 친구도 꼬임에 빠진 야사를 구하려고 찾아왔다가 역시 야사의 권유로 붓다의 설법을 듣고 출가했습니다.

이제 깨달음을 얻은 아라한은 오비구, 그리고 야사와 야사의 친구 네 명, 이후 찾아온 친구 50명, 붓다까지 하면 모두 61명이 되었어요. 붓다는 "이 세상에 61명의 아라한, 깨달은 자가 있다"고 선언한 후에 세상 사람들을 위해 법을 전할 것을 당부했습니다. 붓다의 전도선언傳道宣言은 다음과 같습니다.

"나는 신과 인간의 모든 굴레로부터 벗어났다.
너희도 해탈을 얻었다.
자, 이제 전법의 길을 떠나거라.
세상 사람들의 이익과 안락을 위해서
처음도 중간도 끝도 조리 있게 법을 설하라."

전도선언 후 붓다는 자신도 우루벨라로 가서 교화하기로 하고 길을 떠납니다.

전법의 기반 마련

우루벨라 카사파를 만나다

부처님은 야사와 친구들을 교화해 출가 수행자의 길을 열어 주었습니다. 야사의 가족에게는 재가 수행자의 길을 열어 주었습니다. 또한 부처님은 출가 제자가 된 60명에게 모두 흩어져서 세상 사람들을 위해 전법의 길을 가도록 권유했습니다. 그리고 부처님은 혼자서 6년간 수행했던 우루벨라로 돌아왔습니다.

당시 우루벨라에서 전법의 역사에 깊게 새겨질 큰 사건이 일어났습니다. 부처님이 고행할 때, 가까운 곳에서 카사파(迦葉) 삼 형제가 수행하고 있었습니다. 부처님은 그곳에서 알려지지 않은 존재였지만 카사파 삼 형제는 세상에 널리 알려진 사람들이었어요. 그들 삼 형제는 지역명에 따라 각각 우루벨라에 있는 우루벨라 카사파와 나디에 있는 나디 카사파, 그리고 가야에 있는 가야 카사파라고 불렸습니다. 그들은 불을 섬기는 배화교도로 각자 수행 집단을 이루었으며 천여 명의 제자가 있었습니다. 당시 인도에서 가장 큰 나라인 마가다국의 빔비사라왕이 1년에 한 번씩 우루벨라 카사파에게 공양을 올릴 정도로 그들은 나라의 스승으로 크게 공경받고 있었습니다.

부처님은 먼저 우루벨라 카사파가 있는 곳으로 갔습니다. 부처님은 근처에서 6년간 수행을 했기 때문에 그가 어떤 사람인지 잘 알고 있었지만, 우루벨라 카사파는 고타마 붓다가 어떤 사람인지 모르고 있었습니다. 그 수행 집단은 약간 폐쇄적이었나 봅니다. 부처님이 하룻밤 묵고 가겠다고 했더니 거절했습니다.

"여기는 잠잘 공간이 없어 하룻밤 묵을 수가 없습니다."

이들이 거절하자 부처님은 어떤 자리라도 좋다며 다시 청했습니다. 부처님의 교화 사례를 보면 어떤 자리라도, 얼마라도 좋다는 표현이 자주 나옵니다. 어느 곳이든 좋다는 말은 상대방에게 백지 수표를 내놓는 것과 같습니다. 이렇게 말할 때는 거절하지 못하는 것이 당시 인도 문화였나 봅니다. 그들은 더 이상 거절은 하지 못했습니다.

"사람이 묵을 빈자리는 없지만, 굳이 있다면 화룡(킹코브라)을 가둬 놓은 뱀 굴밖에 없습니다."

이 말은 그냥 돌아가라는 거절의 의미입니다. 그런데 부처님은 그곳이라도 좋다면서 뱀 굴로 들어갔습니다. 우루벨라 카사파는 '어엿한 수행자였는데 결국은 뱀한테 물려 죽겠구나'라고 생각했습니다. 당시에 수행하는 사람들은 생사에 별로 신경을 안 썼어요. 게다가 본인이 원해서 그 위험한 뱀 굴로 간 것이니 자기들로서는 어쩔 수 없다고 생각한 거죠.

그런데 이튿날 아침, 부처님은 아주 잘 잔 것처럼 그곳에서 나왔어요. 코브라가 있는 굴에서 명상을 하는데 뱀이 나와 부처님의 몸을 휘감았다고 합니다. 하지만 부처님이 아무런 두려움 없이 편안하게 있으니까 뱀이 몸을 휘감았다가 풀고 스르르 가 버렸다고 묘사되어 있습니다. 부처님이 아무렇지도 않게 나온 것을 본 우루벨라 카사파는 부처님을 대단한 사람이라고 생각하면서도 '그래도 나보다는 못해'라는 교만한 마음도 가지고 있었어요.

배화교도인 우루벨라 카사파는 불을 섬기며 제사를 지냈습니다. 부처님이 우루벨라 카사파와 같이 있을 때, 카사파의 제자가 제사를 지내려고 불을 붙이는데 불이 안 붙는다고 당황해하면서 달려왔어요. 이 말을 들은 부처님이 말했습니다.

"지금 불이 붙었다."

제자가 지금까지 나무를 비벼서 불을 일으키려고 해도 불이 붙지 않았는데, 부처님이 그렇게 말하자 이상하다고 생각하면서도 가 보니까 정말 불이 붙어 있었어요. 우루벨라 카사파는 '오늘 많은 사람이 참석하는 큰 제사를 지내는데, 이 사람이 또 무슨 장난을 할까?' 하는 꺼림칙한 생각이 들기도 했습니다. 그런데 다행히도 제사 지내는 동안 부처님이 보이지 않았습니다.

그날 제사를 잘 지낸 후에 부처님을 만난 우루벨라 카사파가 자랑하며 물었습니다.

"어디 갔다 왔습니까? 오늘 제사는 아주 여법하게 잘 치러져서 보기 좋았습니다. 당신도 보았으면 좋았을 텐데…"

그러자 부처님이 대답했습니다.

"당신은 내가 여기 있지 않기를 원하지 않았습니까?"

이 말을 들은 우루벨라 카사파는 자신은 그런 적이 없다고 부인했습니다. 부처님이 다시 그에게 말했습니다.

"마음속에 질투심이 있으면 해탈을 얻을 수 없습니다."

이 말을 들은 우루벨라 카사파는 자기의 본심을 딱 보게 되었습니다. 부처님이 머무는 며칠 동안 우루벨라 카사파는 새로 온 젊은 수행자가 훌륭하다고 생각하면서도 경쟁심과 질투심을 가지고 있었어요. 그의 이러한 마음을 알고 있는 부처님이 해탈에 이르기 위해서는 질투심을 버려야 한다고 말하자, 우루벨라 카사파는 자신의 본마음에 있는 경쟁 심리와 질투를 알아차렸어요. 그러자 마음이 편안해졌습니다. 그래서 그 자리에서 무릎을 꿇고, "당신의 제자가 되겠습니다"라고 청했습니다.

탐진치 삼독의 불을 끄고 귀의하다

부처님에게 귀의한 우루벨라 카사파는 80세의 노인이었고 제자가 500명이나 되는 유명한 제사장이었습니다. 하지만 부처님은 서른다섯 살에 불과했습니다. 부처님은 카사파를 말렸습니다.

"당신의 마음은 알지만 500명을 이끄는 지도자로서 그런 경솔한 결정을 해서는 안 됩니다."

그러자 우루벨라 카사파는 500명의 제자를 모은 후에 말했습니다.

"나는 오늘 이분을 만나서 큰 깨달음을 얻었다. 나는 이분의 제자가 되려고 하니 너희는 너희 갈 길을 가라."

우루벨라 카사파의 제자들은 스승님이 그 길을 간다면 자신들도 따라가겠다고 하여, 부처님은 우루벨라 카사파와 500명 제자에게 설법을 했습니다. 부처님의 설법을 들은 후 그들 역시 모두 마음의 문이 열려 출가해서 부처님의 제자가 되었습니다. 그동안 불을 섬기던 제사 도구는 모두 강에 던져 버렸습니다.

제사 도구가 강물을 따라 흘러내려 가니까 강 아래쪽에 있던 둘째 동생 나디 카사파가 그것들을 발견했습니다. 그는 성스럽게 여기는 제구가 떠내려오니 형에게 큰일이 생긴 줄 알고 제자 300명을 데리고 형이 있는 곳으로 달려왔습니다. 그곳에 오니 형과 그 제자들이 이미 머리를 깎고 출가 사문이 되어 있는 거예요. 놀라는 동생에게 우루벨라 카사파는 부처님의 설법을 들어 보라고 권했습니다. 부처님의 설법을 들은 나디 카사파와 그 제자들도 부처님의 제자가 되었습니다.

강의 더 아래쪽에 있는 셋째 동생 가야 카사파는 두 형이 소중하게 여기던 제구가 강물에 떠내려오는 것을 보고, 너무나도 두려워서 자신의 수행처에 숨어 나오지 않았습니다. 그래서 우루벨라 카사파가 직접 부처님을 모시고 가야 카사파가 있는 곳으로 갔습니다. 그리고 그에게 부처님의 설법을 청해서 듣게 했습니다. 부처님의 설법을 들은 가야 카사파와 제자 200명도 부처님에게 귀의했습니다. 이처럼 부처님의 설법을 들은 천 명의 배화교도가 모두 부처님의 제자가 되었습니다.

부처님은 그들에게 다음과 같이 설법을 했습니다.

"여러분은 지금까지
불을 섬기는 수행을 해 왔지만,
이제 그 불을 다 꺼 버렸습니다.
하지만 아직도 마음속에
탐진치 삼독三毒의 불이 타고 있습니다.
마음속 삼독의 불을 끄는 것이야말로
진정으로 불을 끄는 것입니다."

부처님의 이 설법을 '불의 설법'이라고 합니다.

빔비사라왕, 마음의 문이 열리다

부처님은 천 명의 제자와 함께 마가다국의 수도인 라자그리하로 천천히 나아갔습니다. 그리고 라자그리하의 서문 밖으로 약 15킬로미터 떨어진 제티안이라는 곳에 머물렀습니다. 이때 부처님과 제자들에 대한 소문이 빠르게 퍼졌습니다. 우루벨라 카사파가 젊은 수행자를 만나 출가 수행자가 되었다는 소문을 전해 들었지만 빔비사라왕은 이를 믿을 수가 없었습니다. 제사장인 브라만과 출가 사문은 서로 다른 길입니다. 그런데 브라만인 왕의 스승 우루벨라 카사파가 젊은 출가 사문의 제자가 되었다고 하니 도저히 믿을 수가 없었던 것입니다. 마중을 나간 빔비사라왕은 우루벨라 카사파와 부처님을 만난 자리에서 말했습니다.

"우루벨라 카사파가 어떤 젊은 사문의 제자가 되었다는 소문을 들었습니다. 저는 도저히 믿기지 않습니다. 이는 마치 세 살 먹은 어린아이가 여든 살의 노인을 보고 이는 내 손자라고 하는 것보다 더 믿기지 않습니다."

그러자 우루벨라 카사파는 자리에서 일어나 부처님을 세 바퀴 돈 후에 합장을 하고 말했습니다.

"이분은 나의 스승이고 나는 이분의 제자입니다. 내가 이

분을 만나기 전에는 윤회의 씨앗을 심었습니다. 하지만 이분을 만나 깨달음을 얻고 윤회의 씨앗을 버렸습니다."

이 말을 듣고 나서야 왕과 대신들은 그 젊은이가 부처님이고 우루벨라 카사파가 그의 제자가 되었다는 사실을 받아들였습니다. 그가 말한 '윤회의 씨앗'을 심는다는 것은 복을 구했다는 얘기입니다. 이전에는 '불'을 섬기면서 늘 '복'을 구했죠. 하지만 '복'을 구하더라도 나중에 그 복이 다하면 다시 행과 불행을 되풀이하게 됩니다. 결국 윤회의 울타리에서 벗어나지 못하는 거예요. 그런데 깨달음을 얻고 복을 구하는 행위를 멈추었다는 것은 윤회고에서 벗어났다는 사실을 선언한 것입니다.

왕은 부처님에게 법을 청했습니다. 부처님이 법을 설하자 왕은 마음의 문이 열렸습니다. 왕은 너무 기뻐서 이렇게 말했습니다.

"제가 왕자 때 다섯 가지 소원이 있었습니다. 첫째는 내가 왕이 되는 것이고, 두 번째는 내 나라에 부처님이 출현하는 것이며, 세 번째는 내가 부처님을 친견하는 것이고, 네 번째는 내가 부처님의 설법을 듣는 것이며, 다섯 번째는 내가 그 법을 이해하는 것이었습니다. 이제 모든 소원이 다 이루어졌습니다. 부처님과 대중에게 공양을 올리고 싶습니다. 왕궁에

와서 저의 공양을 받아 주십시오."

최초의 절, 죽림정사를 건립하다

부처님은 빔비사라왕의 공양을 거절했습니다. 이는 출가 수행자는 왕궁과 같이 화려한 곳에서 대접을 받지 않는다는 의미입니다. 그러자 왕은 왕궁 밖에 있는 왕의 소유인 대나무 숲을 부처님과 제자들이 머물며 수행할 수 있는 처소로 제공했습니다. 이곳이 부처님의 가르침을 따르는 수행자들이 모여 수행하는 최초의 절 죽림정사竹林精舍입니다. 당시 정사라는 것은 우리가 아는 절처럼 건물이 아니라 수행자들이 머물 수 있는 숲을 말합니다. 이는 당시로서는 매우 큰 사건이었습니다. 위대한 제사장인 기존 종교 지도자를 교화하고, 인도의 가장 큰 나라의 제왕을 교화해서 수행 처소를 제공받은 것이기 때문입니다.

부처님과 빔비사라왕의 만남은 사실은 이번이 처음은 아니었어요. 부처님이 6년 수행을 할 때, 라자그리하에서 여법하게 걸어가는 젊은 수행자를 보고 자신과 같이 나라를 통치하자고 제안한 적이 있었어요. 그 젊은이가 카필라바스투에서 온 고타마 싯다르타라는 수행자였죠. 그때 제안을 받은 부처님은 그 제안을 거절했었습니다.

"대왕이시여, 내 나라의 왕도 싫다고 버리고 왔는데 내가 왜 남의 나라를 갖겠습니까? 내 나라도 버리고 왔는데 왜 남의 나라를 빼앗겠습니까?"

그때 왕은 부처님에게 깨달음을 얻으면 꼭 자신에게도 그 법을 설해 달라고 요청했고, 부처님은 그러겠다고 약속했었습니다. 이제 그 약속대로 빔비사라왕은 부처님의 가르침을 받고 깨달음을 얻었습니다.

부처님이 죽림정사에 머무는 동안, 불교사에서 큰 비중을 차지하는 위대한 제자들이 부처님의 소문을 듣고 찾아왔습니다. 지혜가 제일이라고 하는 사리풋타, 신통이 뛰어난 목갈라나, 두타제일인 마하카사파가 부처님의 설법을 듣고 부처님에게 귀의한 것이 이 시기입니다.

타인의 불행 위에 자신의 행복을 쌓지 마라

부처님은 마가다국의 왕을 교화한 지 3년 후에, 수닷타 장자의 초청으로 코살라국에 갔습니다. 인도에서 마가다국 다음으로 큰 나라가 코살라국인데, 그 나라의 파세나디왕이 부처님의 소문을 듣고 기원정사로 부처님을 찾아왔습니다.

"나는 훌륭한 왕이 되고 싶습니다. 어떻게 해야 훌륭한 왕이 될 수 있습니까?"

왕의 이 질문에 대한 일반적인 대답은 군대가 많아야 한다거나 경제가 풍부해야 한다거나 신의 가호를 받아야 한다는 거겠죠. 그런데 부처님의 대답은 이와 달랐습니다.

"백성 사랑하기를 외아들 사랑하듯 하십시오.
가난한 자를 돕고 외로운 자를 위로하십시오.
그러면 굳이 고행을 하지 않아도 됩니다.
타인의 불행 위에 자신의 행복을 쌓지 마십시오."

당시는 왕이 백성의 목숨을 파리 목숨처럼 여기는 시대였습니다. 그렇지만 타인의 불행 위에 자신의 행복을 쌓지 말라고 한 부처님의 유명한 설법을 통해 파세나디왕도 부처님의 제자가 되었습니다.

오늘날 우리의 행복은 대부분 타인의 불행에서 얻어집니다. 내가 시험에 합격하면 다른 사람이 떨어지고, 내가 선거에서 당선되면 다른 사람이 떨어지죠. 이는 부처님이 출가하게 된 동기, '왜 하나가 살기 위해 다른 하나가 죽어야 하는가? 하나가 행복하기 위해 다른 하나는 왜 불행해야 하는가?' 하는 문제의식과 상통한다고 볼 수 있습니다.

마가다국의 빔비사라왕이 부처님과의 문답에서 철학적인 질문을 많이 했다면 코살라국의 파세나디왕은 세속적인 질문을 많이 한 것으로 기록되어 있는데, 다음과 같은 이야기도 있습니다.

왕이 부인과 얘기를 하던 중에 이 세상에서 자신이 가장 소중하게 여기는것이 무엇일까 하는 의문이 생겼습니다. 아무리 생각해도 재물, 왕위 같은 것보다 자기 자신이 가장 소중하게 생각되었습니다. 그렇다면 부인은 무엇을 제일 소중하다고 여길까 궁금해서 물었더니, 부인도 자신이 이 세상에서 가장 소중하다고 말했습니다.

당시 인도에서는 그렇게 말하면 안 됩니다. 여인에게 가장 소중한 것은 남편인 시대였거든요. 또 백성에게 제일 소중한 건 왕이라고 대답을 해야 하는데, 부인은 자기를 가장 소중하게 여긴다고 말했던 거죠. 그래서 왕은 두 사람의 생각이 맞는지 알아보려고 부처님을 찾아가 질문을 했습니다.

부처님은 다음과 같이 답했습니다.

"그렇습니다. 이 세상에서 그 어떤 것보다 가장 소중한 것은 자기 자신입니다"

　부처님의 말씀대로 세상에서 가장 소중한 것은 자기 자신입니다. 그러나 오늘날 우리는 소중한 자신을 괴롭히면서 살고 있습니다. 이뿐만 아니라 소중하지 않은 재물, 권력, 명예, 쾌락의 노예가 되어서 소중한 인생을 낭비하고 있습니다.

　부처님은 오비구와 야사의 친구 등 60명의 제자에게 각자 전법의 길을 떠나도록 한 후, 자신도 전법의 길에 나서서 많은 이들을 교화하셨습니다. 부처님은 많은 사람에게 정신적인 영향력을 끼치는 대제사장 우루벨라 카사파 일행을 교화하고, 당시 강대국인 마가다국과 코살라국의 왕들도 교화했습니다. 또 뛰어난 제자들도 부처님의 법을 듣고 귀의하면서 성도 후 5년 사이에 전법의 기반이 견고하게 마련되었습니다.

위대한 제자들의 귀의

슈도다나왕은 부처님을 보지 못하다

부처님의 설법을 듣고 수많은 사람이 부처님에게 귀의했습니다. 하지만 부처님의 법문을 듣고도 마음이 열리지 않은 사람들이 있었습니다. 그중 가장 대표적인 사람이 부처님의 아버지 슈도다나왕입니다.

마가다국의 빔비사라왕이 부처님을 왕궁으로 초청했지만 부처님은 그 왕궁에 들어가지 않았습니다. 부처님이 고향에 돌아갔을 때도 마찬가지였습니다. 아버지인 슈도다나왕이 왕궁으로 들어오라고 했지만 부처님은 들어가지 않았습니다. 슈도다나왕이 섭섭해하니까 부처님이 말했습니다.

"이것이 우리 가문의 전통입니다."

슈도다나왕이 왕족인 샤카(석가) 가문에 걸식하는 전통이 어디 있냐고 되묻자 부처님은 다음과 같이 대답했습니다.

"이것은 출가 사문의 전통입니다."

이처럼 부처님은 자신이 왕족이라는 생각을 완전히 내려놓았습니다. 슈도다나왕은 아들이 부처가 되었다고 해도 그에게는 여전히 아들일 뿐이었습니다. 슈도다나왕은 부처님과 제자들이 옷을 지저분하게 입고 다니고, 나무 밑에서 자며, 밥을 얻어서 먹는다며 늘 못마땅하게 생각했어요.

슈도다나왕은 한 나라의 태자인 부처님이 이렇게 거지처럼 생활하면 안 된다고 생각했어요. 슈도다나왕은 "부처님이 잠은 어떻게 자더냐? 음식은 뭘 먹더냐?" 하며 생활에 대해서는 궁금해했지만, 단 한 번도 부처님이 어떤 설법을 하는지 물어본 적이 없었어요.

샤카족의 많은 젊은이가 부처님의 설법을 듣고 깨달음을 얻었지만, 슈도다나왕은 죽을 때까지 결국 깨달음을 얻지 못했습니다.

제자들은 이러한 상황이 이해되지 않았습니다.

"이발사 우팔리 같은 천민도 부처님의 설법을 듣고 지혜의 눈이 열리는데, 대중 가운데 가장 훌륭한 슈도다나왕은 왜 법의 눈이 열리지 않을까요?"

이 같은 제자들의 질문에 부처님이 대답했습니다.

"슈도다나왕에게는 아들만 있지 부처님은 없다."

슈도다나왕은 부처님의 모습이 오직 자신의 아들로만 보였습니다. 그에게는 깨달음을 얻은 붓다의 모습이 보이지 않았던 것입니다.

사리풋타와 목갈라나, 부처님께 귀의하다

부처님은 빔비사라왕으로부터 기증받은 죽림정사에서 1천여 명의 대중과 함께 수행을 했습니다. 아침마다 천 명의 대중이 걸식하면서 살 수 있었던 것은 라자그리하가 그만큼 큰 도시였기 때문입니다.

대도시인 라자그리하에는 수많은 수행 집단이 있었는데, 그 가운데 산자야 벨랏티풋타라는 스승을 모시는 수행 집단이 있었습니다. 이들은 '세상에 그 어떤 것도 진실은 알 수 없다'는 회의론적 견해를 가지고 있었습니다. 그런 면에서는 불법과 비슷한 부분도 있습니다. 그 집단에는 큰 제자 두 명이 있는데, 한 사람은 사리풋타이고 다른 한 사람은 목갈라나였어요.

사리풋타는 어느 날 부처님의 제자 중 한 사람인 앗사지가 천천히 길을 가는 것을 보았습니다. 한눈팔지 않고 정면을 보며 집중해서 걸어가는 모습이 무척 수행자다워 보였습니다. 사리풋타는 앗사지를 쫓아가서 물었습니다.

"당신은 정말 훌륭해 보입니다. 어떤 분을 스승으로 모시고, 그 스승은 어떤 걸 가르칩니까?"

그러자 앗사지가 대답했습니다.

"저는 고타마 붓다의 제자입니다. 저는 그분의 가르침을 당신에게 설명해 주기에는 부족합니다. 그러니 당신이 그분께 가서 물어보십시오."

사리풋타가 짧게라도 설명을 해 달라고 청하자 앗사지가 말했습니다.

"이 세상의 모든 현상에는 원인과 결과가 있습니다. 원인이 있으면 반드시 결과가 있고, 어떤 현상이 일어나면 거기에는 반드시 원인이 있습니다. 들판에 가 보면 볏단 두 개가 서로 의지해서 있듯이, 이 세상의 모든 존재는 서로 의지해 있습니다."

앗사지의 얘기를 듣고 사리풋타는 갖고 있던 모든 의문이 풀어졌어요. 그래서 부처님이 어디 계신지 알아본 뒤 자신의 수행 처소로 돌아왔습니다. 사리풋타의 친구인 목갈라나는 얼굴이 환해진 그를 보고 어떤 좋은 일이 있는지 물었습니다. 사리풋타는 앗사지에게서 들은 얘기를 목갈라나에게 그대로 전했습니다. 그 얘기를 들은 목갈라나도 그동안 마음에 품고 있던 의문이 풀어졌습니다.

두 사람은 부처님을 찾아가기로 하면서 자신들의 스승도 모시고 가자고 의견을 모았습니다. 그래서 스승 산자야 벨랏티풋타에게 가서 사리풋타가 그날 만난 사람과 부처님의 말씀에 대해 얘기하고 같이 가자고 청했어요. 그런데 회의론자인 산자야는 이에 대해서도 의심을 품고 가지 않겠다고 했습니다. 스승이 가지 않는다면 둘만이라도 가자고 나서는데, 같은 수행 집단에 있던 수행자 250명도 가겠다고 해서 함께 부처님을 찾아갔습니다. 그리고 그들 모두 부처님의 설법을 듣고 깨달음을 얻어 출가했습니다.

초기 부처님의 제자를 1250명이라고 합니다. 우루벨라 카사파 등 1000명, 사리풋타와 목갈라나 등 250명을 합한 것이지요. 이들은 죽림정사에서 같이 정진했기 때문에 1250명의 대비구 또는 장로라고 말합니다.

사리풋타와 목갈라나는 부처님보다 수행 기간도 더 길고 나이도 많았어요. 특히 사리풋타는 아주 지혜가 많은 사람이라 사리풋타를 부처님으로 착각하는 사람도 많았다고 합니다. 우루벨라 카사파와 사리풋타, 목갈라나는 모두 브라만으로 인도에서 가장 높은 계급 출신이었습니다. 그들은 지식수준도 높았지만 사제 계급 출신이어서 불교 교단을 수행 집단으로 만드는 데 큰 역할을 했습니다. 특히 사리풋타는 수행 집단의 계율을 정비하면서 승가 조직 체계를 완성했습니다. 그래서 사리풋타를 '지혜제일'이라고 합니다.

또한 목갈라나는 부처님을 만나기 전에 이미 신통력이 뛰어난 사람으로 알려져 있었기 때문에 '신통제일'이라고 말합니다. 당시 인도에서는 신통력이 있으면 큰 능력을 가진 것으로 보았어요. 하지만 부처님은 신통력이 사람들을 어리석게 만들고 현혹하기 때문에 이를 사용하지 못하게 했습니다. 지혜의 눈을 떠서 자기 인생의 주인이 되어야 하는데, 이런 신비한 현상에 현혹되면 어리석음에 빠지기 쉽기 때문이었습니다.

그런데 이후 불교계 일각에서는 신통력을 많이 가질수록 수행력이 높다고 평가했는데, 이는 부처님의 가르침에 어긋납니다. 또한 부처님은 타인의 운명을 점치는 행위도 못 하게 했어요. 관상과 손금을 보거나 사주를 보고 또 길일을 잡는 것 등은 모두 타인의 운명을 점치는 행위입니다. 수행자는 그 어떤 상황에 처해도 마음에 두려움과 불안이 없고 괴로움이 없어야 합니다. 그렇기 때문에 미래를 점치는 행위를 할 까닭이 없습니다. 우리는 부처님의 원래 가르침과 현실의 불교가 이런 차이가 있다는 것을 알아야 합니다. 그러니까 종교로서의 불교가 아니라 부처님의 원래 가르침을 이해해야 합니다.

마하카사파, 세속의 부귀를 버리고 귀의하다

지혜제일인 사리풋타와 신통제일인 목갈라나는 나이가 많아 부처님보다 먼저 돌아가셨어요. 부처님이 열반한 후 교단을 이끈 사람은 마하카사파(대가섭)입니다. 우루벨라 카사파와 이름이 헷갈리기 쉬워 '크다'는 의미의 '마하Mahā'를 붙여서 마하카사파라고 불렀습니다.

마하카사파도 브라만 출신인데 신분만 높은 게 아니라 큰 부자였다고 합니다. 고귀한 신분으로 부유한 환경에서 자랐는데도 원래부터 세속에 관심이 없었어요. 물론 결혼에도 관심이 없었습니다. 그런데 부모님이 자꾸 결혼하라고 독촉을 하니까 마하카사파는 향나무로 만든 아주 아름다운 여인상을 어머니에게 주면서 말했습니다.

"이 정도로 예쁜 여성이 있다면 결혼하겠습니다."

마하카사파의 뜻은 결혼을 하지 않겠다는 것이었습니다.

하지만 어머니는 그가 만든 향나무 여인상을 가지고 온갖 곳을 다니면서 기어코 그 모습이 똑같은 아름다운 여성을 찾아 데리고 왔습니다. 마하카사파는 자신이 뱉은 말이 있으니까 결혼을 피할 수가 없었습니다.

마하카사파는 결혼한 첫날밤에 세속에는 전혀 관심이 없는데 부모님의 강요에 의해 결혼하게 된 사정을 신부에게 얘기했습니다. 그러자 부인도 자기는 결혼할 생각이 없었는데 부모님의 강요로 어쩔 수 없이 결혼했다며 마하카사파와 같은 얘기를 하는 거예요. 그래서 두 사람은 부모님이 돌아가실 때까지 부부 행세를 하기로 했습니다.

그 뒤 부모님이 돌아가시자 두 사람은 각자 갈 길을 가기로 했습니다. 서로 등을 맞대고 서서 한 사람은 동쪽으로, 다른 한 사람은 서쪽으로 가면서 헤어졌다고 합니다.

그렇게 길을 나선 마하카사파는 바로 부처님을 찾아가 출가를 청했습니다. 마하카사파의 청을 들은 부처님이 말했습니다.

"오라, 마하카사파여! 내 당신을 기다린 지 이미 오래입니다."

그런데 마하카사파가 부처님의 제자가 되어 수행자로 살면서도 부유한 집안 출신이다 보니 옛날 습관을 쉽게 버리지 못했나 봅니다. 이런 모습이 옷의 사례에서 나타나고 있어요.

당시 출가 사문에게는 정해진 옷이 없었어요. 많은 수행자가 분소의糞掃衣라고 하는 시신을 덮었던 천을 가져와 입었습니다. 집에서 바로 왔던 마하카사파는 집에서 입던 옷을 입고 수행을 하고 있었습니다. 어느 날 부처님이 마하카사파에게 말했습니다.

"존자여, 옷이 좋구려."

이 말을 들은 마하카사파가 보니, 부처님은 누더기 같은 옷을 입고 있는데 자기가 입은 것은 비단옷이었어요. 마하카사파는 그 자리에서 일어나 자기 옷을 벗어 부처님에게 드리고 자신은 부처님의 옷을 받아 입었습니다.

이 일 이후로 마하카사파는 철저하게 검박한 생활을 했어요. 떨어진 옷만 입고, 식사 초대에 응하지 않고, 음식도 반드시 걸식해서 먹고, 잠도 나무 밑에서만 잤습니다. 그래서 마하카사파를 '두타제일'이라고 합니다. '두타'는 의식주에 대한 탐욕을 버리고 수행에만 전념하는 것을 말합니다.

이처럼 마하카사파는 부처님의 지적을 한 번 받고 부유한 집에서 살던 습관을 완전히 고쳤어요. 그리고 다른 어떤 사람보다 더 검소하게 생활했어요. 당시 수행자들은 모두 검소하게 살았는데, 이들이 마하카사파를 보고 너무 누추하다고 무시하는 일화가 있을 만큼 검소했습니다.

이 옷의 사례는 하나의 상징입니다. 불교에서는 제자에게 법을 전할 때 증표로 자신이 입은 가사와 사용하던 발우를 전해 줍니다. 부처님의 가사는 마하카사파가 이어받았습니다. 그렇기 때문에 마하카사파가 부처님의 법을 계승한 첫 번째 제자라고도 볼 수 있습니다. '가사'는 분소의로 시신을 덮은 천이고, '발우'는 걸식의 상징으로 수행자가 검소하게 살아야 한다는 징표이기도 합니다.

기원정사가 만들어지다

수닷타 장자라고 하는 매우 훌륭한 재가 수행자도 이때 만났습니다. 라자그리하에 칼란다카 장자가 있었는데 그는 부처님과 제자들에게 많은 후원을 했습니다. 칼란다카에게는 코살라국의 사왓티(사위성)에서 사업을 하는 수닷타라는 친한 친구가 있었어요. 수닷타 장자가 라자그리하에 오면 칼란다카와 함께 지내고, 칼란다카가 사왓티로 가면 수닷타 집에서 밤새도록 얘기하며 어울리는 절친한 친구였습니다.

수닷타 장자가 라자그리하로 온 어느 날이었어요. 자기가 오면 신발도 신지 않고 달려 나와 반겨 주는 친구인데, 한참을 기다려도 칼란다카가 오지 않는 거예요. 수닷타 장자는 한참 지나서 온 친구에게 섭섭한 마음이 들었습니다.

"뭐가 그렇게 바쁜가? 아들 장가보내는 건가, 아니면 딸을 시집보내는 건가?"

그러자 칼란다카가 대답했습니다.

"그만한 일에 내가 자네를 기다리게 하겠는가?"

수닷타 장자가 의아해하자 칼란다카가 사정을 이야기했습니다. 다음 날 아침 부처님과 제자들을 집으로 초대해 공양 대접을 하기로 해서, 공양 준비하느라 수닷타 장자를 기다리게 했다고 했습니다. 사왓티에 살고 있던 수닷타 장자는 부처님에 대해서 처음 들었어요. 칼란다카 장자로부터 부처님에 대한 설명을 듣고 나니까 수닷타 장자의 마음이 들떴어요. 내일 아침에 부처님을 만날 수 있다는 생각에 잠을 설치기까지 했습니다.

수닷타 장자가 잠이 오지 않아 새벽에 산책하러 나갔는데 숲속에 한 수행자가 앉아 있었습니다. 그 모습을 보는 순간,

그는 어제 칼란다카에게서 들은 부처님이라는 걸 알았어요. 수닷타 장자가 가까이 가서 부처님 아니시냐고 물었습니다. 그러자 부처님은 그렇다고 하면서 말했습니다.

"내 당신을 기다린 지 이미 오래요."

수닷타 장자는 부처님의 설법을 듣고 감동해서 부처님을 사왓티로 초대했습니다. 부처님이 침묵으로 승낙하시자 그는 부처님보다 먼저 사왓티로 가서 라자그리하의 죽림정사와 같은 위치에 부처님과 제자들이 머물 터를 구해 사왓티 밖에 기원정사를 만들어 부처님과 수행자들에게 제공해 드렸습니다.

기원정사는 부처님이 가장 오래 머물렀던 곳입니다. 부처님이 45년 교화 활동을 했으니 마흔다섯 번의 안거가 있었어요. 그중 열아홉 번의 안거를 기원정사에서 했으니까 절반 가까이나 이곳에 머물렀던 겁니다. 그래서 《금강경》 등 많은 경전이 설해진 배경이 기원정사로 되어 있습니다. 《금강경》에는 기원정사를 '기수급고독원祇樹給孤獨園'이라고 표현하고 있습니다. 이는 '제타(祇陀) 왕자의 숲'을 한역한 '기수祇樹'라는 말과 '아나타핀디카'를 한역한 '급고독給孤獨'이 합쳐진 말입니다. 다시 말해 '제타 왕자의 숲에 급고독 장자가 지은 절'이라는 뜻입니다. 여기에는 기원정사가 건립된 유래가 포함되어 있습니다.

　수닷타 장자는 큰 사업가지만 가난한 사람을 돕는 자선 사업도 오랫동안 했습니다. 당시 인도에서 가난한 사람이라고 하면 남편 없이 혼자 사는 여성, 아내 없이 혼자 사는 남성, 부모가 없어 보살핌을 받지 못하는 어린아이, 자식이 없어 돌보는 사람이 없는 노인 등 네 부류를 가리키는 말이었습니다. 그런 사람들을 보살피는 사람을 '아나타핀디카'라고 하는데 이를 한문으로는 '급고독'이라고 합니다. 이처럼 외로운 사람을 돕는 사람, 즉 급고독은 수닷타 장자의 별명입니다.

　부처님을 만나고 사왓티로 돌아온 수닷타 장자는 죽림정사 같은 절을 만들려고 적당한 장소를 물색했어요. 드디어 사왓티성에서 너무 멀지도 가깝지도 않고, 사람들이 오고 가기에 편하고, 낮에는 번잡하지 않으면서도 밤에는 시끄럽지 않고, 인적이 드물고 명상하기 적합한 곳을 찾았습니다. 수닷타 장자가 찾은 곳은 제타 왕자의 숲이었습니다. 그는 왕자를 찾아가서 숲을 팔라고 요청했지만 제타 왕자는 이를 단호히 거절했습니다.

　수닷타가 값은 얼마든지 주겠다며 끈질기게 요청하자 제타 왕자는 땅을 금화로 다 덮으면 팔겠다고 했습니다. 그는 숲을 팔 마음이 전혀 없었던 것입니다. 그러나 수닷타 장자는 마차에 금화를 가득 싣고 와서 땅에 깔기 시작했습니다. 하지만 숲 입구의 작은 공간도 채우지 못했어요. 수닷타 장자는 하인들에게 집에 있는 금화를 더 가져오라고 독촉했습니다. 이러한 수닷타 장자의 노력을 본 제타 왕자는 다음과 같이 말하며 자신의 숲을 기증했습니다.

"됐습니다. 장자여, 그만하십시오. 나머지 땅은 제가 보시하겠습니다. 이것은 저에게도 큰 선물이 될 것입니다."

이렇게 기원정사가 만들어졌고 우리가 읽는《금강경》에 '기수급고독원'이라는 구절이 들어가게 된 것입니다.

4장

모든 인간은 평등하다

바이샬리의 아소카 기둥

여성은 세상의 절반

여성의 출가를 허락하다

부처님은 신분과 계급 등 그 어떤 것도 차별하지 않고 누구나 깨달음을 얻을 수 있도록 45년간 길 위에서 법을 전했습니다.

당시는 전 세계적으로 남성 중심의 사회였습니다. 특히 인도는 남성 중심일 뿐만 아니라 계급 중심의 사회이기도 했습니다. 부처님을 만난 강대국의 왕과 대제사장, 브라만, 그리고 경제적으로 부유한 장자들은 부처님의 설법을 듣고 부처님에게 귀의했습니다. 그렇다면 부처님은 계급적으로 차별받는 천민과 성적으로 차별받는 여성들을 어떻게 대했을까요?

 당시 인도에는 여성에게 인권이라는 것 자체가 없었어요. 남성은 아무리 못나도 상속권이 있었지만, 여성은 아무리 잘나도 아무런 권리가 없었습니다. 여성은 평생 남성을 주인으로 섬기고 살아야 했습니다. 어릴 때는 아버지를 주인으로 섬기며 살고 결혼하면 남편을 주인으로 섬겨야 했습니다. 만약 남편이 죽으면 아들을 주인으로 섬기고 사는 거죠. 이것을 삼종지도三從之道라고 하는데 이는 평생 주인을 세 번 바꾸어 섬긴다는 의미입니다. 결혼식에서 아버지가 딸의 손을 잡고 가서 신랑에게 넘겨주죠? 이건 좋은 문화는 아니에요. 주인을 교체한다는 뜻이니까요. 이것이 좋아 보이더라도 성평등 의식이 있다면 개선해야 하는 문화라고 생각합니다.

 부처님이 살았던 시대에는 계급적으로 차별받는 천민이 전쟁에서 공을 세우거나 국가에 크게 기여해 왕에게 발탁되면 신분 세탁을 하는 기회를 얻기도 했습니다. 하지만 여성은 신분이 아무리 고귀하게 태어나더라도 남성이 갖는 권한을 가졌다는 기록이 없습니다. 이를 통해 당시 인도에서 여성의 지위가 매우 낮았음을 알 수 있습니다.

 하지만 부처님은 당시 사회에서는 용납되지 않았던 여성의 권리를 인정했어요. 부처님의 가르침이 모든 이에게 평등했음을 당시 샤카족의 상황을 통해서 살펴볼 수 있습니다. 부처님의 어머니 마하파자파티는 부처님이 출가하고 슈도다나왕도 죽고 나니까 남편도 없고 아들도 없는 상황이 되었어요. 게다가 부처님의 동생과 아들인 라훌라도 출가해서 마하파자파티 부인의 가족 중에는 직계인 남자가 모두 없어졌어요. 부처님의 부인 야소다라도 마찬가지였습니다. 부처님도 출가하고 라훌라도 출가했으니 남편과 아들이 없는 상황이었습니다. 이처럼 샤카족에는 남자들이 출가하고 여자만 남은 집들이 많았는데, 이들 중 많은 사람이 부처님의 법을 듣고 깨달음을 얻어 재가 수행자로 살고 있었습니다.

 샤카족의 남은 여자들은 부처님의 법을 알고 있고 남자들과 연관된 속박이 다 끊어진 상황이어서 이들 역시 출가 수행자가 되고 싶었습니다. 그래서 부처님이 카필라바스투에 머물 때, 마하파자파티 부인이 중심이 되어 여자들도 출가하게 해 달라고 부처님에게 청을 했습니다. 그런데 부처님은 승낙하지 않았어요. 그 뒤에 다시 한 번 더 청했지만 그때도 부처님은 승낙하지 않았습니다.

 이후 부처님은 카필라성을 떠나 바이샬리로 갔습니다. 하지만 마하파자파티 부인과 야소다라를 포함한 500명의 여인이 출가 수행자가 되고자 하는 마음에는 변함이 없었습니다. 그래서 부처님이 머무는 바이샬리로 따라갔어요. 그리고 다시 부처님을 찾아가서 출가를 청했습니다. 하지만 이번에도 부처님은 승낙하지 않았습니다.

출가를 간절히 원했던 샤카족 여인들의 낙담은 이루 말할 수 없을 정도로 커서 눈물이 줄줄 흘러내렸습니다. 게다가 카필라성에서 바이샬리까지 먼 길을 걸어와 몰골이 형편없었습니다. 출가를 위해 삭발을 한 500명의 여인은 발이 붓고 온몸이 먼지에 뒤덮인 채 하염없이 울고만 있었어요. 부처님을 시봉하는 아난다 존자가 그 모습을 보았습니다. 아난다 존자는 부처님의 사촌 동생이기도 하니까, 가족 관계인 마하파자파티 부인이나 같이 온 여성들의 모습을 보고 매우 가슴이 아팠습니다.

아난다 존자는 부처님을 찾아가서 물었습니다.

"여인은 출가해서 수행하면 깨달음을 얻지 못합니까?"

아난다 존자의 질문에 부처님은 여인도 수행 정진하면 깨달음을 얻을 수 있다고 대답했습니다. 그러자 아난다는 다시 물었습니다.

"그런데 왜 여인의 출가를 허락하지 않으십니까?"

부처님은 아난다에게 더는 그 얘기를 하지 말라고 했지만 아난다는 계속 말을 이어 나갔습니다. 부처님의 양어머니인 마하파자파티 부인이 부처님을 키우면서 얼마나 고생했는지, 그리고 그 공덕이 얼마나 큰지에 대해서 말했습니다. 부처님도 마하파자파티 부인의 공덕은 이루 말할 수 없다고 하자 아난다는 부처님께 다시 청했습니다.

"마하파자파티 부인의 공덕이 매우 크니 여성들도 부처님의 계율과 가르침 아래 출가할 수 있도록 허락해 주십시오."

드디어 부처님이 이를 승낙했습니다.

"여성의 출가를 허락한다."

이렇게 여성의 출가가 허락되었습니다.

의지심을 버리고 수행의 길을 선택하다

부처님이 전법에 나선 후 남성 출가 수행자의 길이 열리고, 이어서 남성 재가 수행자와 여성 재가 수행자가 생겼습니다. 그리고 이제는 여성 출가 수행자의 길도 열렸습니다. 여성의 출가수행은 전법 후 약 20년 뒤에 이루어졌습니다.

그런데 부처님이 여성도 남성과 다르지 않다고 하면서도 20년간이나 여성의 출가를 허락하지 않은 이유는 무엇일까요? 당시 시대 상황이나 수행 문화를 살펴보면 그럴 수밖에 없었음을 알 수 있습니다. 당시 인도 사회에서 여자는 남자 없이 혼자 이름을 가질 수 없었고, 독자적인 '한 사람'이 될 수 없었습니다. 그런데 출가를 한다는 것은 남자 없이 자신의 이름을 갖고 독자적인 '한 사람'이 되는 거예요. 그러니 당시의 문화와 풍속에서 이는 허용될 수가 없었습니다.

또한 당시 출가 수행자들은 모든 일에 집착을 끊고 어떤 것에도 구애받지 않으며, 떨어진 옷을 입고 밥은 얻어먹으면서 숲속에서 수행을 했습니다. 그런데 당시 풍습에 남자가 없는 여자는 아무나 데려가도 되었기 때문에, 여자가 혼자 숲속에 앉아 있다면 성추행이나 성폭행을 당할 수밖에 없었어요. 그래서 여성을 출가 수행자로 인정한다는 것은 당시 사회의 성차별 문제에 앞서 안전 면에서도 가능하지 않았습니다.

그래서 부처님이 여성 출가자를 허락하지 않았던 것입니다. 그러다가 바이샬리에서 처음으로 여성의 출가를 허락했습니다. 바이샬리는 당시 인도 전체에서 가장 진보적인 도시였습니다. 당시 인도의 많은 나라들이 왕정인데 반해 바이샬리는 공화제이자 귀족 연합체로 민주적인 나라였습니다. 그리스 같은 정치 체제를 갖추었다고 볼 수 있습니다. 또한 물자가 풍부하고 여러 사상가가 자유롭게 공존하는 사회이기도 했습니다. 당시 인도에서 여성을 독자적인 존재로 인정해 주는 것은 어려웠지만, 가장 개방적이고 진보적인 도시 바이샬리에서는 그나마 사회적인 저항이 적어서 시도해 볼 수 있었던 것입니다.

부처님이 마하파자파티 부인과 같이 온 여성들에게 출가를 허락한 또 다른 이유는 그들이 남성에 대한 종속성을 버리고 스스로 결연한 태도를 보였기 때문입니다. 여성들은 남성에게 의지해서 살아왔기 때문에 종속성, 의지심을 갖고 있었습니다. 그런데 '해탈'은 의지심을 버리는 거예요. 의지심이 많은 사람은 아무리 공부를 해도 그 습관을 버리기 어렵습니다. 그런데 이들은 부처님이 허락하지 않았는데도 스스로 결단해서 바이샬리까지 왔어요. 몸은 여성이지만 의지심, 종속성을 극복한 그들의 결연한 의지가 부처님이 여성의 출가를 허락하는 데 크게 작용했을 것입니다. 집을 떠나 바이샬리까지 따라온 샤카족 여성들이 수행자의 길로 갈 만한 결단을 보였기 때문에 여성의 출가를 허용한 것이죠.

부처님, 여성의 주체성을 인정하다

부처님이 여성 출가자를 허용한 것은 당시에 매우 파격적인 일이었습니다. 지금, 21세기에도 가톨릭에서 수녀는 사제가 될 수 없습니다. 특히 인도는 지금도 계급 차별보다 성차별이 더 심합니다. 그런 나라에서 2600년 전에 여성의 출가를 허용했다는 것은 우리가 생각하는 것보다 더 파격적인 일이었습니다.

마하파자파티 부인과 같이 온 여성들의 출가만이 아니라 당시 모든 사람에게 무시당하던 유녀遊女의 출가도 승인했습니다. 유녀는 우리 문화로는 기생과 비슷합니다. 연화색녀蓮花色女라는 유녀가 있었습니다. 그녀는 전남편과 재혼한 남편에 대한 복수심으로 유녀가 된 후 유녀를 500명이나 거느린 큰 유곽의 주인이 되었습니다.

부처님과 부처님의 제자들을 질시하던 이교도들이 연화색녀에게 돈을 주고 부처님을 유혹하라고 사주를 했습니다. 사주를 받은 연화색녀는 유녀 500명을 거느리고 부처님 앞에 나가 부처님에게 당당하게 말했어요.

"당신은 일체중생을 조복하는 힘이 있다고 하는데, 나는 일체 남자를 조복하는 힘이 있습니다. 당신 제자들은 당신의 가르침을 따라서 다 훌륭하다고 하는데, 내 제자들도 남자를 조복하게 하는 데는 다 일가견이 있지요."

그 말을 듣고 부처님은 조용히 이렇게 말했습니다.

"여인이여, 당신은 지금 복수심에 불타 수많은 남자에게 복수를 하고 있다. 그러나 여인이여, 사실은 당신과 똑같이 불행을 겪는 여인들이 생겨날 뿐이다. 원한으로 원한을 없앨 수 없다."

그녀는 너무도 어리석은 짓을 해 온 것을 깨닫고 부처님에게 출가하기를 청했습니다. 유녀의 출가를 승인하면 제자들뿐만 아니라 일반 대중의 비난을 받는 것은 당연했습니다. 그렇지만 부처님은 그런 비난을 염려하지 않고 연화색녀와 500유녀의 출가를 허락했습니다. 이 소문이 퍼지자 부처님에게 대중의 비난이 들끓고, 제자들은 어디를 가도 공양 얻기가 어려워졌습니다. 부처님은 아무런 해명도 하지 않고 비난이 멈출 때까지 묵묵히 기다렸습니다. 진실이 아닌 것이면 세상과 타협하지 않았던 거죠.

그러나 여성 출가를 허락한 후 500년이 지나 힌두교가 다시 부활하면서 성차별이 더욱 심해지자 승단은 굽타왕조 시기에 여성 출가를 폐지했습니다. 그래서 소승불교 국가들에서는 아직도 여성의 출가를 인정하지 않습니다.

여성 출가를 폐지할 때 이런 이유를 들었습니다. 부처님은 처음에 여성 출가자를 허락하지 않았는데 아난다 존자가 간청을 해서 어쩔 수 없이 허용했기 때문에 이는 부처님의 뜻이 아니라는 것입니다. 여성 출가를 없애기 위해서는 명분이 필요했겠죠? 부처님이 처음부터 여성 출가를 허락했다고 하면 폐지할 수 없으니, 아난다 존자를 핑계로 비구니 제도를 없앨 명분을 만들었다고 생각합니다. 그래서 부처님은 거절하고 아난다 존자가 간청해서 허용했다는 기록을 남긴 것은 아닐까 생각합니다.

하지만 지금 사람들도 받아들이기 어려운 것을 2600년 전에 허용했다는 것은 부처님의 깨달음과 결단 없이는 불가능한 일이었습니다. 여성 출가가 다시 회복된 것은 대승불교가 일어나면서부터입니다. 대승불교 국가인 우리나라나 대만은 비구니 제도를 유지하고 있어요. 물론 비구니 스님과 비구 스님들 사이에는 아직도 많은 차별이 있지만, 비구니 제도가 허용된 것만으로도 남방불교에 비하면 평등한 면이 있습니다. 미얀마, 태국, 스리랑카 등 소승불교 국가에서는 여성도 출가수행을 하지만 흰옷을 입고 수행만 할 뿐 가사를 입을 권한은 없습니다. 그런 면에서 대승불교와 큰 차이를 가지고 있습니다.

여성 출가는 여성 해방, 성평등의 효시라고 생각합니다. 특히 여성이 남성과 관계없이 자기 이름을 가지게 되었다는 것은 매우 획기적인 일이었습니다. 여성은 늘 누구의 딸이거나 아내이거나 엄마로 불리다가 비구니가 됨으로써 자기 이름을 갖게 된 겁니다.

그런데 여성들이 자기 이름을 가지고 스스로 존재한다는 것은 당시의 사회적 상황에서는 부작용이 있을 수밖에 없었습니다. 여성들이 해진 옷을 입고 숲속에서 명상하다가 지나가는 남자에게 성추행, 심지어 성폭행을 당하는 사건이 비일비재했습니다.

그중 한 사건을 살펴보면, 한 여성 수행자가 선정에 들어 있는데 한 남자가 다가와서 유혹을 했어요.

"당신의 눈은 너무 아름답습니다."

그 말을 들은 여성 수행자는 자기 눈을 손가락으로 파내어 남자에게 주면서 말했습니다.

"이게 아름다우면 당신이 가지십시오."

그러니까 그 남자가 도망을 갔겠죠. 당시에 여성들은 이렇게까지 하면서 수행 정진을 했습니다.

또 한 비구니가 성폭행을 당한 사건이 있었습니다. 강제로 성폭행을 당했다고 하더라도 성관계가 있었던 것이니까 계를 어겼다고 비구들이 수군댔어요. 비구니 입장에서는 얼마나 억울했겠어요. 그래서 부처님에게 청해 계를 어긴 것인지 물었어요. 사건에 대해 들은 부처님은 비구들이 모인 자리에서 말했습니다.

"이 비구니는 계를 어기지 않았다. 더는 여기에 대해서 말하지 마라."

이처럼 당시 여성들이 출가수행을 하는 데는 그만큼 많은 어려움과 장애가 있었습니다.

시간이 지나면서 이런 문제를 해결하기 위해 비구니는 숲속에서 혼자 정진하지 못한다는 제한이 생겼습니다. 또한 비구니가 되는 것도 비구와는 다른 제도로 운영되었습니다. 남성은 스무 살 이하는 '사미'라고 하고 스무 살이 넘으면 '비구'가 됩니다. 하지만 여성은 스무 살 이하면 '사미니'라고 하고 스무 살이 넘어도 바로 비구니가 되지는 못합니다. 출가하면 2년간은 정식 비구니가 아니라 예비 비구니가 됩니다. 이를 '식차마나式叉摩那', '정학녀正學女'라고 합니다. 2년이 지나면 비로소 비구니가 될 수 있었어요. 즉 남성은 사미, 비구 2단계이지만 여성은 사미니, 식차마나, 비구니 3단계를 거치는 거죠.

또한 비구니들의 처소는 비구 처소 가까이에 두도록 했습니다. 외부 사람들이 함부로 침범할 수 없도록 하기 위해서입니다. 당시에 냇가에서 옷을 벗고 목욕하는 사람은 유녀와 비구니밖에 없었어요. 유녀는 주인으로 정해진 남자가 없고 자기 이름을 가진 독립적인 사람이었습니다. 그런데 유녀는 남자들이 쉽게 취할 수 있는 사람이었기 때문에 옷을 벗고 목욕하는 비구니도 유녀라고 생각해서 사회적인 문제가 발생하기도 했어요.

그래서 비구니는 목욕할 때 반드시 옷을 입도록 제한이 주어졌어요. 이런 여러 제한은 남자한테는 없는데 여자한테는 있는 것이라서, 오늘날의 기준으로 보면 여성 차별처럼 여길 수도 있습니다. 하지만 이는 차별이라기보다 비구니를 보호하기 위한 안전장치라고 봐야 합니다.

부처님은 사회적으로는 성차별을 해결하지 못했지만, 적어도 출가 승단 안에서는 여성들의 주체성을 인정하면서 성차별을 극복했습니다. 후대에 내려오면서 승단 내부에서도 성차별적인 부분이 되살아나는 현상이 나타나기도 합니다. 하지만 지금의 차별성을 보고 부처님이 당시에 차별했다고 생각하는 것은 잘못입니다.

당시 인도에서 여성은 남성의 소유물로 여겨졌지만 비구니가 되면서 자기 운명의 주인이 될 수 있었습니다. 비구와 비구니는 성별이 다를 뿐, 법에 귀의해 해탈의 길을 가는 데는 아무런 차별이 없다고 선포한 부처님은 여성 해방의 선구자입니다. 이렇게 비구니를 인정하면서 불교 교단은 비구, 비구니, 우바새, 우바이의 사부대중이 완성되었습니다.

평등과 자비의 전법

계급 사회가 인도를 지배하다

 부처님은 인도에서 신분이 높은 왕자로 태어났지만 차별받는 천민들을 외면하지 않고 교화했습니다.
 인도는 당시에 철저한 계급 사회였습니다. 최상층에는 브라만이라는 사제 계급이 있고, 그 아래에는 무사 계급인 크샤트리아, 그 아래에는 사업하는 계급인 바이샤, 가장 하층에는 노예인 수드라가 있었습니다.
 인도는 지금도 여전히 계급 사회지만, 지금은 상위 카스트, 중위 카스트, 하위 카스트로 구분하고 있습니다. 이 중 브라만과 크샤트리아, 그리고 바이샤까지는 상위 카스트에 포함되어 약 15퍼센트에 해당합니다. 상위 카스트에는 대략 3퍼센트의 브라만과 5퍼센트의 크샤트리아, 그리고 7퍼센트의 바이샤 계급이 분포되어 있습니다. 중위 카스트는 노동을 했던 노예 계급인 수드라에 해당하는데, 전체 인구의 65퍼센트를 차지합니다. 하위 카스트는 달리트 계층으로 불가촉천민인데 약 20퍼센트를 차지하고 있어요. 이들은 지금 인도 사회에서 계급 해방 운동을 하지만 오래된 관습이라 그 차별이 쉽게 바뀌지 않고 있습니다.

천민 중에서도 집에서 밥하는 사람, 빨래하는 사람, 아기 돌보는 사람, 머리를 만지는 사람, 옷을 입히는 사람은 상위 계급 사람들과 접촉할 수 있는 천민입니다. 천민이라고 해도 신분이 높은 사람과 같이 살 수 있는 사람이 있고, 신분 높은 사람에게 가까이 가지 못하고 그들끼리만 따로 모여서 살며 바깥에서 일하는 불가촉천민이 있습니다.

원래 카스트 계급 밖의 존재였던 불가촉천민에 대해서는 사회적 차별이 심각했습니다. 불가촉천민은 가장 차별받는 계급인 동시에 가장 차별받는 직업을 가지고 있습니다. 똥꾼 니다이는 똥을 치우는 계급이었습니다. 돼지를 키우거나 시체를 화장하는 사람도 불가촉천민에 포함됩니다. 그들은 사람으로 취급받지 못할 정도로 심하게 차별을 받는 계급으로, 사람들이 멸시하는 직업에 종사해야 했습니다. 또한 그들의 직업과 신분은 이름과 성씨에 반영되어 후대까지 내려갑니다.

똥이 묻었을 뿐 본래 천은 깨끗하다

부처님은 신체적 접촉이 있으면 부정탄다고 여겼던 불가촉천민을 차별하지 않고 그들을 위해 법문을 하며 교화했습니다. 그중 대표적인 사람이 똥꾼 니다이입니다. 어느 날, 양쪽으로 똥통을 메고 가던 똥꾼 니다이가 앞에서 오는 부처님 일행과 마주쳤습니다.

당시 인도에서는 브라만의 그림자를 밟았다고 불가촉천민을 죽여 버리는 일이 있을 정도로, 불가촉천민과 접촉을 하면 재수가 없다고 여기는 관습이 있었습니다. 그러다 보니 니다이는 얼른 똥통을 메고 숲속 오솔길로 들어갔습니다. 멀리서 이러한 모습을 본 부처님도 숲속 오솔길로 갔습니다. 부처님 일행을 피해서 오솔길로 들어선 니다이는 땅만 보고 걸어가다가 갑자기 앞에 나타난 부처님과 일행을 보고 깜짝 놀라서 넘어졌어요.

그러다 보니 그가 메고 가던 똥물이 튀어서 자기 옷뿐만 아니라 부처님 옷도 버리고 말았습니다. 니다이는 사색이 되어 죽을죄를 지었다며 살려 달라고 싹싹 빌었습니다. 그때 부처님은 니다이의 손을 잡아 일으키고는 냇가로 데려가서 옷을 씻게 한 후 물었습니다.

"옷이 더럽혀졌지만 씻으니까 어떻게 되었느냐?"

"깨끗해졌습니다."

니다이가 이렇게 대답하자 부처님이 니다이에게 말했습니다.

"그렇다. 이 천은 본래 더러운 게 아니다. 똥이 묻어서 더러운 것이고 이를 씻으면 깨끗해진다. 이처럼 사람도 태어남에 있어서 더러움은 없다. 다만 더러움에 물들어 있을 뿐이다. 그러니까 천에 묻은 똥을 씻듯이 네 마음의 때를 씻으면 더러움은 사라진다."

이 말을 들은 니다이는 깨달음을 얻었습니다. 니다이가 출가를 하겠다고 하자 부처님이 말했습니다.

"오라, 비구여!"

니다이는 불가촉천민이었지만 부처님은 아무런 차별 없이 그를 받아들였습니다.

당시 인도에서 불가촉천민과 브라만이 같은 공간에서 함

께 산다는 것은 현실적으로 불가능한 일이었어요. 하지만 아무리 천민 출신이라도 출가를 하면 더러움이 다 없어지고, 성스럽다고 하는 브라만도 출가하면 성스러움이 없어집니다. 부처님 법 안에서는 모두 평등했습니다. 그래서 출가한 모든 비구는 동료로서 같은 공간에서 생활하게 됩니다.

 이로 인해 수행 집단은 밖으로부터 많은 비난을 받았습니다. 특히 브라만 출신의 비구들은 '고귀한 출신이 부정한 사람들과 같이 있다'는 이유로 더 많은 비난을 받았습니다. 그렇기 때문에 브라만 출신인 부처님의 제자들은 정말 위대한 사람들입니다. 천민 출신은 출가하면 천함에서 벗어날 수 있습니다. 그런데 브라만 출신은 고귀한 사람이라고 사회에서 대우받던 사람들이었는데도 사회적 비난을 감수하고 출가한 것입니다. 그리고 신분 차별을 떠나 출가자들이 모두 함께 생활했다는 것은 그들이 귀한 계급 출신이라는 권위의식을 버리지 않고는 불가능한 일이었습니다.

 부처님의 이런 가르침에도 불구하고 오늘날 스리랑카에서는 이런 계급 의식을 버리지 못해 브라만 출신의 승단과 천민 출신의 승단이 따로 있습니다. 스님도 신분이 우선이니 높은 계급의 신자는 높은 계급 출신 스님의 교단에 가고, 낮은 계급 신자는 낮은 계급 출신 스님의 교단에 가고 있어요.

부처님의 가르침은 계급을 타파했는데도 사회적 관습을 극복하기는 그만큼 어렵다는 것이 이런 현실에서 나타납니다. 부처님의 법은 여성 출가도, 천민 출가도 인정하고 있습니다. 하지만 부처님이 열반하신 이후 결국 여성 출가는 아예 폐지되었고, 천민 출가도 인정되기는 하지만 계급으로 교단이 나뉘었습니다. 이런 현실을 보면 불교가 계급을 차별하고 성차별을 하는 것처럼 보이는데 이것은 부처님의 가르침이 아닙니다.

부처님은 늘 말씀하셨습니다.

"세상에는 네 개의 계급이 있다.
그러나 내 법 안에서는 하나다.
마치 세상에는 네 개의 큰 강이 있지만
바다에 가면 하나가 되듯이,
내 법 안에서는 모두 하나다."

이처럼 부처님은 이미 2600년 전에 계급과 성의 차별을 타파하셨으니, 이것이 바로 '혁명'입니다. 총칼을 들고 싸워서 권력을 차지하는 것이 혁명이 아니라, 세상 사람들을 억압의 굴레로부터 벗어나 자유롭게 하는것이야말로 진정한 혁명입니다.

부처님 법 안에서 계급 차별은 없다

부처님의 법을 통해 계급 해방 혁명을 볼 수 있는 또 다른 사건이 있습니다. 부처님이 고향인 카필라성에 가서 샤카족을 위해 설법을 했을 때 그 설법을 듣고 많은 젊은이들이 출가했습니다. 당시에는 출가할 때 머리를 자기가 깎고 가야 했어요. 그래서 샤카족의 왕자들은 평소 머리를 다듬어 주는 이발사 우팔리에게 가서 머리를 깎아 달라고 했습니다. 지위도 있고 재물도 많은 왕자들이 부처님의 법문을 듣고 가진 걸 다 버리고 출가하는 모습을 보고, 머리를 깎아 주던 이발사 우팔리는 생각했습니다. 이발사에 불과한 자신은 가진 것도 버릴 것도 없는데 무엇 때문에 이걸 붙들고 있나 하는 생각이 들어 자신도 출가를 하겠다고 마음을 냈습니다.

우팔리가 출가를 결심한 그때는 부처님이 교화를 시작한 지 6년이 지나고 사리풋타가 교단의 체계를 만들던 시기였어요. 이전에 출가하는 사람은 부처님에게 가서 출가를 청했지만, 이제는 교단 체계가 갖추어져 출가하는 사람은 사리풋타에게 가서 교육을 받고 계를 받았습니다. 그런데 천민인 우팔리는 이런 체계를 모르고 바로 부처님에게 가서 출가를 청했어요. 부처님은 법문을 듣고 깨달음을 얻은 우팔리에게 그 자리에서 출가를 허용했습니다.

부처님의 친족인 왕자들은 먼저 출가를 결심했지만 사리풋타에게 가서 절차를 밟은 후에 부처님에게 인사를 하러 왔습니다. 부처님에게 인사하고 먼저 출가한 선배들에게 인사를 하는데, 맨 끝에 서 있는 사람이 며칠 전까지 자기 머리를 깎아 주던 자기 집 하인인 우팔리였던 거예요. 왕자들이 아무리 출가를 했다고 해도 우팔리에게 쉽게 고개가 숙여지지 않아 머뭇거리고 있으니까 부처님이 주의를 주었습니다. 경전에는 '내 법 안에서는 차별이 없다. 우팔리에게 경배하라' 이런 제목이 붙어 있습니다.

사람에 대한 차별을 인정하지 않은 부처님의 또 다른 얘기가 있습니다. 부처님의 제자 중에 주리반특이라는 바보가 있었어요. 주리반특은 다른 제자들처럼 부처님의 가르침을 이해하고 행하기가 어려웠어요. 부처님은 뛰어난 제자들에게 주리반특의 공부를 도와주도록 당부했는데, 제자들은 그가 너무 바보여서 가르칠 수 없다고 포기해 버렸습니다.

결국 출가 승단에 더 이상 머물 수 없었던 주리반특은 울면서 정사를 나와 집으로 돌아가려 했어요. 이를 본 부처님이 주리반특에게 말했습니다.

"너는 앞으로 마당을 쓸고 방을 닦으며, '티끌을 털고 때를 닦아라' 하고 외거라."

그런데 주리반특은 이런 간단한 글귀도 외우지 못했어요. 부처님은 제자들을 모아 놓고 주리반특을 만날 때마다 '티끌을 털고 때를 닦아라'라는 말을 해 주도록 했습니다. 이 말은 본래 '우리 인간은 어리석은 마음으로 인해 때가 끼듯이 마음이 더럽혀져 있다. 먼지를 털고 때를 닦듯이 어리석음을 깨우치면 괴로움 없는 삶을 살 수 있을 것이다'라는 말입니다. 주리반특은 청소를 할 때마다 제자들이 하는 말을 듣고 부지런히 마음을 닦아 마침내 깨달음을 얻고 신통력을 얻어 16 아라한 중 한 분이 되었습니다.

옛날이야기를 들으니까 신분을 버리고 머리를 숙이는 것이 쉬울 것 같지만 현실적으로는 그렇지 않아요. 이는 출가할 때 단순히 '스님이 되겠다'라는 생각 정도가 아니라, 머릿속에 있는 고정 관념을 과감하게 버려야만 가능한 일이에요. 옷도 남이 버린 옷을 주워 입고, 음식도 남이 먹다 버린 음식을 먹고, 잠도 나무 밑에서 자야 하니까 확고한 자기 결단이 없이는 어렵습니다.

이처럼 출가한 뒤의 생활은 흉내 낼 수 있다고 하더라도 평생 살아온 윤리, 도덕의식, 사회적 통념, 풍습 같은 것은 버리기 정말 어렵습니다. 부처님은 그런 것들이 존재의 진실이 아니라 인간이 가진 허위의식이라고 했습니다. 이 허위의식으로 인해 우리는 차별하고 갈등하고 괴로워하며 살아가고 있습니다. 그런 것에서 벗어나야만 진정한 평화를 얻고 두려움 없는 삶을 살 수 있습니다. 그렇기 때문에 부처님은 계급 차별이나 성차별이 없어야 한다는 입장을 확고히 했습니다.

어려운 사람들에게 부처님이 법을 설하다

가난한 사람들 또는 어려운 사람들을 위한 부처님의 행적에 관해 여러 이야기가 있습니다. 그중 재미있는 이야기입니다. 한 젊은이가 수행을 하는데 너무나도 힘들었어요. 그런데 브라만들은 사람이 많은 죄를 지어도 갠지스강에서 목욕만 하면 죄가 다 없어진다고 말하는 거예요. 목욕만 하면 된다니 얼마나 쉽습니까?

젊은이는 부처님에게 가서 물었습니다.

"브라만들이 말하기를, 사람이 아무리 많은 죄를 지어도 갠지스강에서 목욕하면 그 죄가 다 없어지고 하늘나라에 태어날 수 있다고 합니다. 그게 사실입니까?"

이러한 말이 사실이라고 하기에는 믿어지지 않지만, 사실이 아니라고 하기에는 너무나 많은 사람이 오랫동안 믿어 오고 있으니까 물어본 것입니다. 사실이 아니라면 저 많은 사람이 왜 저러고 있는지 궁금하기도 했을 것입니다. 그 말을 들은 부처님은 웃으면서 이렇게 얘기했습니다.

"그 브라만들의 말이 맞는다면, 갠지스강에 사는 물고기가 가장 먼저 하늘나라에 태어나겠구나."

부처님의 이야기를 듣고 젊은이는 깨달음을 얻었습니다.

또 다른 일화입니다. 가난한 집에서 태어나 어렵게 자란 키사 고타미라는 여인이 있었습니다. 한 부잣집이 아들만 낳아 준다면 어떤 신분이라도 상관없이 부인으로 대우를 해 주겠다고 했습니다. 키사 고타미는 그 집에 시집을 갔고 아들을 낳았어요. 아들을 낳고 나니 차별받고 어렵게 살던 삶과는 완전히 다른 삶을 누리게 되었습니다.

그런데 아들이 어려서 갑자기 죽어 버렸어요. 그 여인은 어머니로서 아들이 죽은 것도 슬프지만, 아들의 죽음으로 자신이 누리던 안정된 생활 자체가 다 사라지게 생겨 슬픔과 두려움이 이루 말할 수 없었습니다. 여인은 죽은 아들을 안고 아들을 살려 달라고 울면서 사왓티의 골목골목을 다녔습니다. 죽은 사람을 살릴 방법이 어디 있겠어요? 어떤 사람이 여인의 슬픔이 너무 가슴 아파서, 기원정사에 있는 부처님에게 가면 무슨 길을 열어 주실 거라고 알려 주었습니다. 부처님이 자기 아이를 살려 주리라고 생각한 키사 고타미는 부처님에게 가서 하소연했습니다.

부처님은 여인을 보고 말했습니다.

"여인이여, 사왓티에서 사람이 죽지 않은 집에 가서 겨자씨 한 움큼만 얻어 오시오."

키사 고타미는 '겨자씨가 우리 아들을 살리는 명약인가 보다' 생각했습니다. 그래서 기꺼이 그것을 구할 수 있다고 생각하고 사왓티 안의 집들을 찾아다녔어요. 한 집에 가서 말했습니다.

"겨자씨 한 움큼만 주세요."

키사 고타미는 겨자씨를 얻은 다음에 그 집 주인에게 물었습니다.

"이 집에서 사람이 한 번도 죽지 않았습니까?"

집주인이 대답했습니다.

"아니요. 작년에 우리 할머니가 돌아가셨습니다."

키사 고타미는 대답을 듣고 이 겨자씨는 쓸모가 없구나 하고는 다른 집에 가서 겨자씨를 얻으면서 물었습니다. 다음 집에서도 같은 대답을 했습니다.

"3년 전에 아버지가 죽었습니다."

키사 고타미는 간단하게 겨자씨를 구할 수 있을 거라 생각했는데, 온종일 사왓티를 돌아다녀도 사람이 죽지 않은 집이 없었습니다. 사왓티의 마지막 골목, 마지막 집에 마지막 희망을 안고 들어갔어요. 키사 고타미는 겨자씨를 한 움큼 얻고는 물었습니다.

"이 집에서는 사람이 한 번도 죽지 않았지요?"

그 집 사람은 고함을 지르면서 이렇게 대답했습니다.

"에이, 여보시오. 이 세상에 사람이 죽지 않은 집이 어디 있소?"

그때 키사 고타미는 깨달음을 얻었습니다. 두려움과 슬픔이 모두 사라졌습니다. 아이를 땅에 묻고 부처님에게 돌아왔습니다. 부처님이 키사 고타미에게 물었습니다.

"여인이여, 겨자씨를 얻어 왔습니까?"

키사 고타미가 대답했습니다.

"부처님, 겨자씨는 필요 없습니다. 저는 이제 슬픔에서 완전히 벗어났습니다. 저에게 출가의 길을 열어 주소서."

아들이 죽은 키사 고타미는 이렇게 출가를 했습니다.

여성 재가 수행자 중에 가장 훌륭한 사람으로 경전에 묘사된 여성은 큰 부잣집의 딸인 비사카 부인입니다. 역시 부잣집에 시집가서 부유하게 살며 승단을 외호하는 재가 수행자였습니다. 어느 날 비가 오는데 우산도 쓰지 않고 눈물을 줄줄 흘리면서 부처님을 찾아왔어요.

"웬일입니까? 왜 그렇게 슬픈 얼굴을 하고 있소?"

비사카 부인이 울면서 대답했습니다.

"부처님, 저는 오늘 너무나 슬픕니다. 제가 이 세상에서 가장 사랑하는 손녀가 오늘 아침에 죽었습니다. 저는 이 슬픔을 어찌할 수가 없습니다."

비사카 부인의 얼굴을 바라보던 부처님이 갑자기 이렇게 물었습니다.

"부인! 내가 아끼고 사랑하는 사람이 많으면 좋소? 적으면 좋소?"

많으면 좋다는 비사카 부인의 대답을 듣고 부처님이 다시 물었습니다.

"그러면 아끼고 사랑하는 사람이 이 사왓티에 사는 성민들 숫자만큼 많다면 그 사람은 어떻겠소?"

부처님의 질문에 비사카 부인이 대답했습니다.

"부처님, 그 사람은 이 세상에서 제일 행복한 사람입니다."

부처님은 비사카 부인에게 다시 물었습니다.

"부인이여, 이 사왓티에서는 하루에 몇 명이나 죽을 것 같소?"

비사카 부인이 대답했습니다.

"많은 사람이 죽을 겁니다. 아마도 열 명 정도는 죽을 겁니다. 아니면 하루에 적어도 두세 명은 죽을 것 같습니다."

부처님이 비사카 부인에게 말했습니다.

"부인이여, 그러면 이 세상에서 제일 행복한 사람은 매일매일 슬피 울고 있겠구려."

비사카 부인은 이 얘기를 듣는 순간 깨달음을 얻었습니다. 눈에서는 아직 눈물이 흐르는데 얼굴이 환해져서 말했습니다.

"부처님, 알겠습니다."

이 세상에서 제일 행복한 사람은 자신이 아끼고 사랑하는 사람이 사왓티의 성민만큼 많으니 매일매일 두세 명씩 죽는 슬픈 일을 겪어야 하는 거예요. '제일 행복한 사람이 제일 슬프다'는 것은 모순이죠. 이처럼 부처님은 비사카 부인에게 위로의 말을 한 게 아니라 어리석음을 스스로 깨우치도록 대화를 나누었습니다. 깨달음을 얻자 부인은 손녀가 죽었는데도 슬픔이 사라지고 마음의 평화를 찾았습니다. 이렇게 진리에 눈을 뜨고 깨달음을 얻으면 어떤 경우에도 괴로움에서 벗어나 마음의 평화를 찾을 수 있습니다.

앞선 사례들에서 부처님은 가난한 사람이나 천민, 여성들을 자비롭게 대했다는 것을 알 수 있습니다. 반면에 계급을 차별하거나 성차별을 하는 왕이나 브라만 등 지배 계급 사람들에게는 허위의식을 버리도록 강하게 비판했습니다.

또한 부처님은 가난하고 어려움에 처한 사람, 여성들에게 사상적으로 어려운 얘기를 하는 것이 아니라 그들의 입장에서 쉽게 이해할 수 있게 설법해 깨우침을 주었습니다. 의사가 환자의 병에 따라서 약을 주듯이, 부처님은 듣는 사람의 처지에 맞게 설법했습니다. 이것을 대기설법對機說法이 라고 합니다.

즉문즉설 또한 현대인의 눈높이에 맞추어 어떤 괴로움이든 서로 묻고 답하면서 깨달음의 길로 나아가게 합니다. 부처님은 사람들의 처지를 그대로 받아들이되 그들이 자기 마음의 어리석음을 깨우치도록 해 평화의 길, 행복의 길로 나아가도록 했습니다. 이것이 자비의 가르침입니다.

평화를 위한 발걸음

사람의 피는 강물보다 귀하다

부처님이 살던 당시 인도 대륙에는 크고 작은 300여 개의 나라가 공존하고 있었습니다. 그 가운데 큰 나라는 16개였습니다. 그중에서도 초강대국은 마가다국과 코살라국, 두 나라였습니다. 마치 중국의 춘추 전국 시대와 같은 상황이어서 전쟁이 끊임없이 발생했습니다. 그래서 부처님은 전쟁의 무익함을 알려 평화를 가져오는 많은 말씀을 했습니다.

300여 개의 나라로 이루어져 있다 보니, 큰 나라가 작은 나라를 침범하는 경우가 많았습니다. 작은 나라들도 이에 굴복하지 않고 대항해서 싸웠습니다. 또 작은 나라끼리 서로 싸우기도 했습니다.

 카필라바스투라고 하는 샤카족의 나라와 데바다하라고 하는 콜리야족의 나라 사이에 로히니라는 작은 강이 흐르고 있었습니다. 그 강을 사이에 두고 두 나라가 접해 있는데 평상시에는 서로 결혼도 하고 왕래가 잦은 우호적인 관계였습니다. 그런데 어느 해에 가뭄이 아주 심해서 강물이 줄어 물이 부족해졌습니다. 물이 모자라니까 그 물로 농사를 짓는 두 나라 농민들 사이에 갈등이 생겼습니다.

 샤카족은 로히니의 강물을 콜리야족과 나누어 사용하면 양쪽의 농사가 다 망할 거라고 생각했습니다. 강물을 자기들 쪽으로만 끌어서 사용하면 샤카족의 농사는 제대로 지을 수 있겠다고 생각하고 샤카족 농부들이 상대에게 말했습니다.

 "강물을 나눠서 사용하면 양쪽 농사가 다 망할 테니까 강물은 우리가 모두 사용하겠다."

 이 말을 들은 콜리야족 사람들도 다음과 같이 주장했습니다.

 "말 잘했다. 그러면 우리도 물을 우리 쪽으로만 끌어서 사용할 수 있도록 하겠다."

 이렇게 농민들 사이에 옥신각신 말싸움이 시작되었습니다. 말로 시작된 싸움은 결국 주먹다짐이 되고, 몇 명의 주먹다짐은 물 부족 때문에 예민해져 있는 양쪽 농민들이 합세하는 패싸움이 되었습니다. 패싸움은 점점 커져서 나중에는 서로 돌멩이를 던지는 큰 싸움으로 변해 많은 부상자가 생겨나는 지경에 이르렀습니다. 이렇다 보니 양쪽 나라에서 군대까지 보내 자기 나라 사람들을 보호하려고 했습니다. 단순한 물싸움에서 시작해 두 나라 사이에 전쟁이 일어날 상황으로 악화한 거예요.

부처님은 저대로 내버려두면 어리석은 사람들이 활과 칼, 창으로 큰 싸움을 벌여 많은 사람이 죽을 것 같아서 그들이 싸우는 현장으로 갔습니다. 그리고 양쪽의 우두머리인 장군을 불렀어요. 부처님의 어머니는 콜리야족 출신이고 아버지는 샤카족 출신이니 서로를 잘 알고 있었습니다. 부처님이 두 장군에게 물었습니다.

"여러분, 사람의 피가 귀합니까, 흐르는 저 강물이 귀합니까?"

부처님의 물음에 두 장군이 똑같이 대답했습니다.

"부처님, 어떻게 고귀한 사람의 피를 저 하찮은 강물에 비유할 수 있겠습니까?"

그러자 부처님이 두 장군에게 말했습니다.

"그런데 당신들은 지금 저 하찮은 강물을 차지하기 위해서 사람들의 귀한 피를 저 강물처럼 흘리려 하지 않습니까?"

이 말을 듣고 격앙되어 있던 두 사람의 마음이 차분해지면서 깨달음을 얻었습니다. 그리고 부처님에게 말했습니다.

"저희가 잘못했습니다."

이렇게 부처님의 말씀을 듣고, 전쟁 위기에 직면했던 양쪽이 한 걸음씩 물러나 서로 의논해서 수로를 개척하고 물을 나누어 사용해 그해 가뭄을 이겨 냈습니다. 오늘날 평화를 이야기할 때, 로히니강의 강물 싸움을 말린 부처님의 말씀은 우리 모두가 새겨들어야 합니다.

"미움이 있는 가운데 미움 없이,
증오가 있는 가운데 증오 없이,
우리 행복하게 살자.
다툼이 있는 곳에 다툼 없이,
우리 행복하게 살자.
질병이 있는 곳에 질병 없이,
우리 행복하게 살자."

대화로 평화를 설득하다

샤카족이 세운 왕국인 카필라국은 넓게 보면 코살라국의 보호국입니다. 부처님의 출가로 왕위는 슈도다나왕의 조카인 마하나마가 계승했습니다. 당시 인도의 2대 강국 가운데 하나가 코살라국인데, 코살라국의 수도는 부처님이 가장 오래 머물렀던 기원정사가 있는 사왓티입니다. 코살라국의 파세나디왕은 이미 부처님의 법을 듣고 부처님께 귀의한 부처님의 제자였어요. 그에게는 후궁이 여러 명 있었지만 샤카족 출신의 공주와 결혼하기를 원했어요. 샤카족은 비록 작은 나라였지만 자존심이 강한 나라였습니다. 그래서 코살라국이 아무리 큰 나라라고 해도, 여러 후궁을 거느렸으면서도 샤카족 공주와 결혼하겠다는 요청을 굉장히 불쾌하게 받아들였습니다.

샤카족은 공주를 코살라국의 후궁으로 시집보내는 것은 수치라고 생각해, 예쁜 하녀 한 명을 공주로 꾸며서 보냈습니다. 그 여인은 얼마 후 코살라국 왕과의 사이에서 비루다카라고 하는 왕자를 낳았어요. 코살라국에는 후궁이 많으니까 왕자들도 많았습니다. 왕자들은 어머니를 따라 외갓집에 가기도 하는데, 비루다카의 어머니는 카필라국 하녀 출신이

어서 고향으로 가는 일이 없었어요. 그런데 다른 왕자들처럼 외갓집에 가고 싶은 어린 비루다카가 하도 졸라서 일곱 살 때 처음으로 카필라국을 방문했습니다.

카필라국에서는 큰 나라의 왕자가 왔으니까 대우를 잘 해 주어야 했습니다. 그렇게 며칠을 머물다 돌아가는 길이었는데 왕자가 뭔가를 두고 온 게 있어 다시 카필라성으로 가게 됐어요. 그런데 하녀들이 자기가 머물렀던 방을 치우면서 소금을 뿌리며 더럽다고 말하는 것을 들었습니다.

비루다카가 돌아와서 어머니에게 왜 이런 일이 있냐고 물으니 어머니가 자신의 출신을 사실대로 얘기해 주어 사정을 알게 되었습니다. 그 후로 비루다카는 카필라국에 큰 증오심을 갖게 되었어요.

비루다카는 성인이 된 후에 쿠데타를 일으켜서 아버지를 내쫓고 왕이 되었습니다. 코살라국의 왕이 되자 원한을 갚기 위해서 카필라국을 공격하러 나섰습니다. 군대를 끌고 가다가 부처님이 뙤약볕 아래 명상을 하고 있는 것을 보았어요. 비루다카는 말에서 내려 부처님에게 물었습니다.

"세존이시여, 저기 반얀나무의 그늘이 좋은데 왜 그늘에서 명상을 하지 않고 이 뙤약볕 아래서 명상을 하십니까?"

부처님이 대답했습니다.

"대왕이시여, 친족의 그늘보다 더 좋은 그늘은 없습니다."

비루다카는 부처님의 대답을 듣고 부처님을 지나치지 못하고 군대를 돌렸습니다.

그런데 돌아간 후 며칠이 지나니까 샤카족에 대한 울분이 다시 치솟는 거예요. 그래서 군대를 몰고 다시 길을 나섰는데 부처님이 또 거기 앉아 있었습니다. 이번에도 왕은 군대를 돌렸습니다. 그렇게 부처님은 세 번이나 군대를 혼자서 막았어요. 하지만 울분을 삭이지 못한 비루다카는 이번에는 부처님이 계신다고 해도 군대를 돌리지 않고 침공하겠다고 굳은 결심을 하고 공격에 나섰습니다.

그런데 이번에는 부처님이 보이지 않았습니다. 마침내 왕은 부처님의 친족인 샤카족의 카필라성을 침공했습니다. 그때 남자는 한 명도 남겨 두지 말고 다 죽이라고 명령했어요. 그래서 대부분은 죽임을 당하고 일부는 도망가서 인도의 여러 지역에 흩어져 지금 다양한 카스트로 살고 있다고 합니다.

결국 왕이 된 비루다카가 무력으로 샤카족을 침공했지만, 부처님은 이를 힘으로 막지 않고 홀로 왕을 만나 대화로 설득했습니다. 이와 같은 설득이 통하지 않을 때도 있었지만, 마지막 순간까지 부처님은 대화와 설득으로 해결할 수 있는 데까지 평화적으로 해결하고자 했습니다.

이러한 평화적인 해결 방식은 우리 주위에서도 볼 수 있습니다. 봉암사 주변을 국립공원으로 만들려고 할 때, 대부분의 스님들이 승려 대회를 열어서 막으려고 했습니다. 하지만 서암 큰스님은 안 된다고 하시며 혼자 청와대에 가서 대통령 면담을 청했습니다. 자연도 보호해야 하지만 수행하는 사람들의 수행처, 그리고 수행하는 문화도 보호할 만한 가치가 있다고 대통령을 설득했습니다. 이렇게 서암 큰스님이 평화적인 방법으로 국립공원 지정을 막아 낸 일화가 있습니다.

서암 큰스님은 다중의 힘으로 문제를 해결하는 것도 결국은 힘에 의한 것이기 때문에 안 된다는 입장이었습니다. 이런 방법이 옳고 그른 것을 넘어, 대화와 설득을 통해 평화적으로 할 수 있는 만큼 최선을 다하는 것이 중요하다고 볼 수 있습니다.

훌륭한 나라의 기준을 설하다

부처님은 열반에 들기 전 80세 마지막 해에도 전쟁보다는 합리적인 타협과 대화를 통해 평화적으로 갈등을 해결해야 한다고 말씀하셨습니다.

마가다국의 빔비사라왕에게는 아자타삿투라는 왕자가 있었습니다. 아자타삿투는 성년이 되자 쿠데타를 일으켜 아버지인 빔비사라왕을 몰아내고 왕이 되었습니다. 당시에는 아들이 아버지와 형제를 죽이고 왕이 되는 일이 다반사였어요. 왕이 된 아자타삿투는 아버지를 죽인 것을 후회하고 부처님에게 귀의하였습니다. 그러면서도 한편 이웃나라를 침공해서 영토를 많이 넓혔습니다. 어느 날 이웃 나라 밧지족을 침공하기 위해 전쟁 준비를 하면서, '부처님은 지혜로우신 분이니 전쟁을 하기 전에 부처님께 인사드리고 이 전쟁의 승리 가능성에 대해 한번 여쭈어라' 하고 신하를 부처님에게 보냈습니다. 신하는 부처님에게 왕의 인사를 전하며 물었습니다.

"지금 대왕이 이웃 나라 밧지족을 침공하려고 하는데 부처님의 뜻을 여쭤보라고 합니다."

부처님은 이에 아무런 대답을 하지 않고 아난다를 불러 아난다와 문답을 했습니다.

"아난다여, 밧지족이 옛날에 나한테 어떻게 하면 나라를 잘 다스릴 수 있는지, 안전하게 유지할 수 있는지를 물어서 내가 일곱 가지를 말해 준 적이 있다. 첫 번째는 중요한 일이 있을 때는 자주 모여서 의논하면 좋다고 했는데, 그 사람들이 지금도 그 말을 잘 지키고 있느냐?"

아난다가 대답했습니다.

"예, 그들은 지금도 그렇게 하고 있습니다."

그러자 부처님이 물었습니다.

"두 번째, 자주 모여서 의논한 후 결론이 나면 의기투합하라고 했는데, 그들은 지금 그것을 잘 지키고 있느냐?"

아난다는 그들이 지금도 잘 지키고 있다고 대답했습니다.

부처님은 아난다에게 물었습니다.

"세 번째, 이미 정해진 법은 함부로 없애지 말고 정해지지 않는 법은 함부로 만들지 말라고 했는데, 그들은 지금 어떤가?"

아난다가 대답했습니다.

"그들은 법을 함부로 바꾸지 않고 잘 지켜 나가고 있습니다."

부처님이 아난다에게 물었습니다.

"네 번째, 여성들과 약자를 잘 보호하는가?"

아난다가 모두 그렇다고 대답하자 부처님이 물었습니다.

"다섯 번째, 노인을 공경하고 노인의 경험을 존중하고 잘 받아들이는가?"

아난다가 역시 모두 그렇다고 대답했습니다. 부처님은 이어서 물었습니다.

"여섯 번째, 전래로 내려오는 조상의 풍습과 관습, 영지를 잘 보존하는가?"

아난다가 그렇다고 대답하자 부처님이 마지막으로 물었습니다.

"일곱 번째, 훌륭한 성인이 있다면 다른 나라 사람이라도 그들을 초대해서 그들의 의견을 듣는 것이 좋다고 했는데, 그렇게 하고 있는가?"

아난다가 지금도 그렇게 하고 있다고 답하자 부처님이 말했습니다.

"그들이 그렇게 하고 있다면 그들의 나라는 번영만 있지, 멸망하지 않으리라."

부처님과 아난다의 대화를 옆에서 듣고 있던 대신은 다음과 같이 말하고 왕사성으로 돌아갔습니다.

"세존이시여, 잘 알겠습니다. 그중에 하나만 지켜도 우리가 침공해서 쉽게 승리하기 어려운데, 일곱 가지를 지키고 있다면 전쟁에서 승리하기는 쉽지 않겠습니다. 돌아가서 대왕에게 전하고 다른 방법을 찾아보도록 하겠습니다."

부처님의 마지막 여로인《열반경》은 마가다국의 신하가 떠난 뒤, 부처님이 죽림정사에서 스님들을 모아 놓고 상가가 멸망하지 않는 일곱 가지 법을 말합니다.

부처님이 말한 나라가 멸망하지 않는 일곱 가지 법의 내용 중 첫 번째는 자주 모여서 의논해야 한다는 것입니다. 오늘날의 민주주의가 되겠죠. 물론 여당과 야당, 진보와 보수, 종교 간에도 뜻이 다르면 모여서 의논하는 것이 쉽지 않습니다. 하지만 우리 사회도 어려운 일이 있으면 자주 모여서 의논해야 합니다.

 그다음은 단결입니다. 자주 모여 의논해서 결론을 내더라도 자기 뜻에 맞지 않으면 단결을 잘 하지 않는 것이 현실입니다. 민주주의의 취약점이 단결을 잘 하지 않는 것에 있습니다. 그래서 서로 다른 의견을 조정하고 논의한 뒤에 결론이 나면 단결해야 한다는 것입니다. 그래야 힘이 결집된다는 거죠. 오늘날 우리가 경쟁할 때는 의견 차이가 있었다 하더라도, 패자는 승자를 축하해 주고 승자는 패자를 포용해야 합니다. 이렇게 합심해서 나라를 이끌어야 한다는 부처님의 가르침은 오늘날에도 우리 사회의 교훈으로 의미가 있다고 생각합니다.

 그리고 법을 자주 바꾸면 안 된다고 했습니다. 특별한 이유가 없으면 정해진 법을 그대로 유지해야만 사람들의 준법정신이 높아집니다. 또한 사회적 약자층은 잘 보살펴야 하고 원로들과 선배들의 경험을 중요시하고 수용해야 한다고 했습니다. 전통문화를 잘 보존하고 계승하는 것 또한 필요하다고 했습니다.

마지막으로 부처님은 수행하는 사람의 의견을 경청해야 한다고 했습니다. 이들은 수행자 혹은 사상가라고도 할 수 있겠죠. 국가 지도자들은 미래에 대한 비전을 가지기 위해서 이들의 의견을 경청해야 한다고 했습니다. 마치 아자타삿투왕이 부처님에게 전쟁에 대해 물어봤기 때문에 부처님의 지혜로 많은 사람을 희생시키고 실패할 전쟁을 미연에 막을 수 있었듯이, 성인을 존중하고 그들의 말을 경청하는 자세가 필요합니다. 이와 같이 나라가 망하지 않는 일곱 가지 법에 대한 부처님의 가르침은 지금 들어도 유용합니다.

당시 인도는 무엇이든 무력으로 해결하는 시대였습니다. 하지만 부처님은 이처럼 힘으로 문제를 해결하기보다 대화와 합리적인 협의를 통해서 평화적으로 갈등을 해결하도록 안내했습니다. 물론 부처님은 안내를 할 뿐, 그들이 받아들이지 않으면 부처님도 어쩔 수 없었습니다. 부처님의 말씀을 받아들인 아자타삿투왕이 있었고 받아들이지 않은 비루다카왕도 있었습니다. 부처님의 평화 사상을 받아들이거나 받아들이지 않는 것은 결국 우리의 선택입니다.

진정으로 뉘우치면 과거의 잘못도 용서하다

 100명을 죽여 그 손가락으로 만든 목걸이를 목에 거는 순간 천상에 태어난다는 잘못된 말을 믿고 살인을 저지른 앙굴리말라라는 사람이 있었습니다. '앙굴리'는 손가락이라는 뜻이고 '말라'는 염주라는 뜻입니다. 100명을 죽인다는 것은 너무나 끔찍한 일입니다. 하지만 앙굴리말라는 천상에 태어나기 위해 사람을 죽여 손가락을 모았습니다. 지금까지 99명을 죽이고 이제 딱 한 명을 더 죽여 목걸이를 완성하려 하고 있었습니다.
 어느 날, 부처님께서 앙굴리말라가 머무는 숲으로 홀로 걸어 들어갔습니다. 얼마 지나지 않아 앙굴리말라가 "사문아, 멈추어라!" 하면서 부처님을 쫓아오는데, 부처님께서는 아무 일도 없는 듯이 걸어갔어요. 앙굴리말라는 뛰어와서 부처님 앞을 가로막고는 칼을 휘두를 자세를 취했어요.
 "왜 멈추라는데 멈추지 않느냐?"
 그러자 부처님이 그를 바라보면서 말했습니다.
 "여보게, 나는 멈춘 지 오래되었네."
 그 말을 들은 앙굴리말라가 되물었습니다.
 "뭐라고, 네가 멈추었다고? 계속 걸어가 놓고 뭘 멈추었다는 거야?"

"여래는 마음속에서 시비와 분별이 다 끊어졌다. 탐욕과 성냄이 멈추었다. 그러나 너는 아직 멈추지 못했구나."

이런 부처님 말씀을 듣고 앙굴리말라는 정신이 번쩍 들어 부처님 앞에서 참회했습니다. 부처님의 법문을 듣고 마음의 눈이 열린 앙굴리말라가 출가하기를 요청하자 부처님은 승낙했습니다. 부처님은 앙굴리말라에게 '아힘사(비폭력)'라는 새 이름을 지어 주셨습니다.

앙굴리말라가 출가한 후 대중은 공양을 거부하고 상가를 거세게 비난했습니다. 결국 앙굴리말라는 사람들이 던진 돌에 맞아 죽었으나 후회나 원망, 미움 없이 생을 마감했습니다.

비난과 모함에도 당당한 길

받아들이지 않으면 비난의 말은 뱉은 사람의 몫

부처님처럼 훌륭한 사람도 다른 사람으로부터 비난을 받았습니다. 당시 기록을 보면 부처님을 비난하는 사람도 많았습니다. 그러면 부처님은 자신을 욕하고 비난하고 해치려는 사람들에게 어떻게 대응했을까요?

개인적으로 부처님을 욕하는 자에 대한 이야기입니다. 어느 브라만의 집에 밥을 얻으러 갔는데 브라만이 욕을 하며 말했습니다.

"육신이 멀쩡한 사람이 일해서 먹고살지 않고 왜 남에게 밥을 얻어먹느냐?"

부처님은 가만히 듣고 있다가 욕하는 브라만에게 되물었습니다.

"당신 집에 가끔 손님이 옵니까?"

브라만은 온다고 대답했습니다. 그러자 부처님이 또 물었습니다.

"올 때 선물 같은 것을 가져옵니까?"

"선물을 가져오지."

브라만이 말하자 부처님이 다시 물었습니다.

"그런데 당신이 그 선물을 받지 않으면 그 선물은 누구의 것입니까?"

브라만이 말했습니다.

"그야 가져온 사람 것이지."

부처님이 빙긋이 웃으니 브라만은 왜 웃냐며 또 화를 냈습니다. 부처님이 브라만에게 말했습니다.

"당신이 지금 나한테 욕을 선물했는데, 내가 웃으면서 욕을 안 받으면 그 욕은 누구 겁니까?"

그 말을 들은 브라만은 큰 깨우침을 얻고 공손히 말했습니다.

"부처님, 제가 잘못했습니다. 들어오십시오."

그 브라만은 부처님에게 공양을 대접하고 부처님의 법문

을 들은 후 제가 수행자가 되었습니다.

두 사람이 처음 만났는데 공양을 대접하고 법문을 듣고 부처님에게 귀의했다는 결과만 보면, 우리는 저 두 사람은 정말 좋은 인연이라고 말할 것입니다. 또는 전생에 좋은 인연을 지어 이생에 와서도 좋은 인연으로 만났고, 다음 생에도 좋은 인연으로 만날 거라고 말하겠죠.

그런데 부처님이 아니라 보통 사람이라면 상대가 욕을 할 때 다음과 같이 말했을 테고, 그러면 어떻게 되었을까요?

"밥을 주기 싫으면 말지, 왜 욕을 해?"

"네가 아침부터 남의 집에 밥 얻어먹으러 오니까 욕을 하지."

그러면 상대의 말에 이렇게 대꾸할 수도 있었을 겁니다.

"내가 언제 밥 달라고 했어? 그냥 여기 서 있었지."

이 말을 들은 상대가 다시 언성을 높이며 말하겠지요.

"우리 대문 앞에 왜 서 있는 거야?"

상대의 말을 듣고, 다시 또 시비가 붙을 겁니다.

"여기 서 있지도 못해?"

다른 사람들은 다투는 두 사람을 보며 생각하겠지요.

'저 두 사람은 보자마자 싸우는 것을 보니 전생에 원수였나 보다. 이생에 와서 또 원수로 만나고, 다음 생에서도 또

원수로 만날 거야.'

이처럼 우리는 현재를 기준으로 전생이나 내생을 이야기합니다. 만약 상대방이 나를 비난할 때 같이 비난한다면 삼생이 악연이 됩니다. 하지만 상대가 비난할 때 웃음으로 받아들이면 지금만 좋아지는 게 아니라 과거생과 미래생까지 좋아집니다. 그래서 '한 번 웃으면 과거, 현재, 미래 삼생의 업이 녹는다'는 말이 있습니다.

우리는 한 번 웃기가 어렵죠. 특히 상대가 욕을 하거나 비난하거나 성을 낼 때 우리가 웃을 수 있다면 붓다가 될 수 있습니다. 그런데 상대가 욕할 때는 웃어지지 않습니다. 지옥에 가는 한이 있더라도 끝까지 맞대응을 해야겠다고 생각하기 쉽습니다. 부처님의 사례에서 보듯이 상대는 나름대로 자기 생각이 있어서 성을 내고 욕을 하니까, 상대에게 우리가 한번 웃어 주는 게 필요하지 않을까요?

침묵해도 바른 법은 모함을 밝힌다

부처님이 집단적 비난에 대응하는 자세를 보며 우리가 가져야 할 삶의 태도를 생각해 볼 수 있습니다. 부처님이 마가다국의 빔비사라왕을 교화하고 죽림정사에 머물 때 있었던 일입니다.

다른 종파의 지도자가 부처님의 법문을 듣고 250명이 집단으로 출가했는데, 이들을 이끄는 지도자는 사리풋타와 목갈라나였어요. 그 교단에서는 엄청나게 분노했습니다. 그래서 부처님에 대한 악의적인 소문을 파다하게 퍼트렸어요.

'어제는 누구의 아들을 뺏어 가더니 오늘은 누구의 남편을 뺏어 가는구나. 내일은 또 누구의 제자를 뺏어 갈 것인가?'

만약 누군가가 부처님을 따라 출가하면 부모 입장에서는 아들을 잃은 셈이 됩니다. 또 아내 입장에서는 남편을 잃고, 스승 입장에서는 제자를 잃은 상황이 됩니다. 이를 이용해서 부처님이 사람들을 빼앗아 간다고 억지 소문을 내니 민심이 나빠졌습니다.

그러다 보니 제자들이 마을에 걸식하러 가도 공양을 받지 못하는 일이 많아졌습니다. 제자들은 부처님에게 마을에 헛소문이 돌아서 어려움이 있다고 토로했습니다. 부처님은 제자들에게 말했습니다.

"사람들이 그렇게 말하면 다음과 같이 말하여라. 여래께서는 바른 법을 가르치신다. 바른 법을 듣고 따르지 않을 사람이 누가 있겠는가?"

제자들은 부처님의 말씀대로 마을 사람들에게 이야기했습니다. 일주일이 지나자 헛소문과 비난이 잠잠해졌어요. 제자들의 말을 들으면서 마을 사람들의 생각도 바뀐 것입니다.

'부처님은 단지 진실만을 말했다. 어떤 사람이라도 그 진실을 접한다면 누구의 남편이라도, 누구의 아들이라도, 누구의 제자라도, 모두 부처님의 법을 만나서 귀의하지 않을 사람이 누가 있겠는가?'

당시 코살라국의 수도 사왓티에는 신흥 종교 단체인, 니간타 나타풋타를 중심으로 하는 교단이 있었어요. 당시 불교와 비슷하게 큰 교세를 형성한 신흥 수행 집단은 여섯 개가 있었습니다. 불교에서는 이들을 육사외도六師外道라고 합니다.

이 시기에는 다양한 사상이 발달해서 육사외도 외에도 서로 다른 견해를 가진 62개의 집단이 있었습니다. 더 넓게는 360가지 견해가 있었습니다. 마치 중국의 춘추 전국 시대 백가쟁명百家爭鳴과도 같았습니다. 수많은 학설과 주장을 제각기 펼치다 보니 견해 차이가 극심해져 논쟁 또한 치열했습니다. 한 사람이 주장하면 다른 사람이 상대의 주장이 틀렸다고 반박하면서 사상적 갈등이 더욱 심해졌습니다.

그런 와중에 왕이 부처님의 법문을 듣고 법에 귀의했습니다. 또한 신흥 교단에 속해 있던 사람들이 부처님의 제자가 되었고 수많은 사람이 승단을 후원했습니다. 이렇게 많은 사람이 부처님에게 귀의하고 지지하자 신흥 교단에서는 부처님의 명예를 훼손해야겠다고 생각했습니다. 그래서 여러 사람을 보내 논쟁하도록 했습니다. 하지만 이들은 대화에서 부처님의 법을 논파하기가 매우 어려웠습니다. 그래서 아무도 가려고 하지 않았습니다.

결국 이들이 의논한 끝에 결정한 것은 미인계였습니다. 신흥 교단의 신자들 자녀 가운데 가장 아름다운 여성을 뽑아 저녁마다 부처님이 있는 기원정사 쪽으로 갔다가 아침이 되면 되돌아오게 했습니다. 마을 사람들은 이 아름다운 여인을 보고 물었습니다.

"이렇게 어두운 밤에 어디를 가느냐?"

그러자 그 여인이 말했습니다.

"남이야 어디를 가든 당신이 무슨 상관입니까?"

다음 날 아침에 마을 사람들이 그 여인을 다시 보게 되자 의아해서 물었습니다.

"왜 일찍 그쪽에서 오느냐?"

여인은 신흥 교단에서 시킨 대로 대답했습니다.

"당신이 알 바 아닙니다."

이런 일이 반복되니까 마을 사람들은 부처님을 의심했습

니다. 그런 와중에 신흥 교단에서 사람을 시켜 그 여인을 죽여서 근처 숲속에 덤불로 덮어 두었습니다.

그런 후에 처녀가 없어졌다면서 그 여인을 찾아다니는 척했습니다. 마을 사람들은 그 처녀가 밤에 부처님이 머물고 있던 기원정사 숲으로 갔다가 아침이면 그곳에서 나오던 모습을 떠올렸습니다. 그래서 이를 신흥 교단 사람들에게 말했습니다. 신흥 교단에서는 부처님과 그의 제자들이 그 처녀를 해쳤을지도 모른다는 소문을 냈습니다. 그 소문은 매우 설득력이 있어서 사왓티 사람들이 근처 숲속을 뒤졌고, 여인의 시신이 숲속에서 발견되었습니다. 그러자 사람들은 시신을 메고 온 도시를 돌아다니며 소리쳤습니다.

"고타마 붓다의 제자들이 이런 못된 짓을 했다."

"고타마는 겉으로는 점잖은 척하면서 이렇게 비열한 짓을 했다."

이렇게 되니까 민심이 변해서 제자들이 마을에서 공양을 얻을 수 없었습니다. 그야말로 큰 위기였어요. 그런데도 부처님은 제자들에게 마을 사람들의 비난에 대응하지 말고 좀 더 기다리자고 했습니다. 그리고 그 소문에 대해서 다음과 같이 말하라고 했습니다.

"그들만이 진실을 알 수 있을 것이다. 그것을 행한 사람만

이 사실을 알고 있다."

처음에는 사람들이 수행자들의 말을 믿지 않고 오히려 받아쳤습니다.

"그래. 네가 행했으니까, 네가 진실을 알 거 아니냐!"

그런데 얼마 지나지 않아 교단의 지시로 여인을 죽인 사람이 술을 마시고 자기가 그 일을 저질렀다고 발설을 해서, 이 사건의 진실이 알려졌습니다. 이렇게 니간타 나타풋타를 중심으로 하는 교단이 모의를 해 일으킨 사건이라는 것이 알려지고 나서 부처님과 제자들의 명성은 더 높아져 갔습니다.

이전에도 부처님을 음해하려는 비슷한 사건이 있었습니다. 부처님이 대중에게 설법을 하는데 한 여자가 불룩한 배를 잡고는 대중을 헤집고 들어와 부처님 설법 중에 불쑥 이렇게 말했습니다.

"사문이여, 당신은 다른 사람 앞에서는 이렇게 설법도 잘하면서 왜 나는 제대로 돌보지 않습니까? 내 뱃속에는 당신의 아이가 있습니다. 그러니 나와 아이를 당신이 돌봐 주세요. 그렇지 않으면 당신의 제자 중 제일 큰 부자인 수닷타 장자나 이 나라 왕에게 나를 돌보라고 해야 하지 않겠습니까?"

이 얘기를 들은 대중은 웅성거렸습니다.

그 말을 들은 부처님이 그 여인에게 말했습니다.

"여인이여, 지금 이 일에 대해서 당신 자신이 가장 잘 알 거 아니오."

부처님의 말을 듣고 그 여인이 대답했습니다.

"그렇습니다. 우리 둘의 관계는 제가 가장 잘 알죠."

여인의 말이 끝나자, 때마침 바람이 휙 불어 치마가 말려 올라가면서 뱃속에 박을 넣은 것이 보였습니다. 그 여인은 자신의 치마속에 박을 넣고 와서 아기를 밴 것처럼 보이게 하고 거짓말을 한 것입니다. 이렇게 들통이 나서 망신을 산 여자는 사람들에게 끌려 나갔습니다. 불경 기록에 남아 있는 이런 얘기를 보면, 당시 사상계에 갈등이 많았을 뿐만 아니라 여러 방법으로 부처님을 음해하고 비난했음을 알 수 있습니다. 하지만 부처님은 부당한 모함과 비난에도 흔들리지 않고 평정심 속에서 세간의 비난이 사라질때까지 기다렸습니다.

질투와 비난도 자비심으로 포용하다

부처님은 폭력과 비난을 대화로 해결했습니다. 부처님의 제자 중에 데바닷타라고 하는 샤카족 출신의 훌륭한 수행자

가 있었습니다. 부처님이 나이가 많아지자 데바닷타가 부처
님에게 제안했습니다.

"제가 부처님 이후 2대 부처로 부처님의 뒤를 이으면 어
떻겠습니까?"

그러자 부처님이 대답했습니다.

"교단은 그 누구에 의해서 이끌어지는 게 아니다. 붓다를
대신할 사람은 필요 없다. 수행자는 스스로 주인이 되어 살
아가는데, 굳이 한 사람을 정해서 교단을 지도할 필요가 없
다. 만약 필요하다면 그것이 왜 너이겠는가. 사리풋타와 목
갈라나도 있지 않느냐?"

이 말을 들은 데바닷타는 기분이 상했습니다. 자신은 신통
도 있고 법문도 잘해서 부족함이 없다고 생각하고 있었어요.
게다가 아자타삿투왕이 왕자일 때부터 데바닷타를 스승으
로 섬겨 많은 보시와 공물을 받았습니다. 그래서 부처님 제
자 중에는 데바닷타를 따르는 사람이 많았어요. 하지만 부처
님은 오히려 왕자로부터 공양을 받는 데바닷타를 우려했습
니다. 어느 날 대중이 모인 자리에서 데바닷타가 부처님에게
말했습니다.

"부처님, 건의가 하나 있습니다."

부처님은 이를 허락했습니다. 그러자 데바닷타가 먹는 것

에 대한 세 가지 얘기를 했습니다.

"수행자라면 모름지기 걸식을 해야 합니다. 음식을 대접하는 초대에 응해서는 안 됩니다. 그리고 하루 한 끼만 먹어야 합니다. 물고기 같은 음식을 먹어서도 안 됩니다."

데바닷타는 입고 자는 것에 대해서도 다음과 같이 건의했습니다.

"옷은 반드시 시신을 싸서 버린 천, 분소의를 입어야 합니다. 그리고 나무 밑이나 동굴에서 자야 하며, 빈집의 처마 밑에서 자서는 안 됩니다."

데바닷타는 수행자라면 마땅히 이렇게 해야 한다고 생각한 것을 말한 것입니다. 부처님은 데바닷타의 다섯 가지 제안을 모두 수용했습니다.

"그래. 수행자라면 그렇게 생활하면 좋다. 너는 마땅히 그렇게 하라."

데바닷타가 이렇게 제안한 것은 부처님의 허락을 얻고, 이로써 자신이 부처님의 실질적인 후계자라는 것을 인정받으려는 의도 때문이었습니다. 그런데 부처님은 데바닷타의 제안을 받아들이면서 덧붙여 말했습니다.

"수행자가 그렇게 생활하는 것은 참 훌륭한 일이다. 그런데 데바닷타여, 걸식하는 것은 수행자로서 좋은 일이다. 하지만 신심 있는 재가자가 식사 초대를 할 때는 가끔 응할 수도 있다. 수행자가 하루에 한 끼 먹는 건 좋은 일이다. 그런데 환자나 사미처럼 성장기에 있는 아이들은 두 끼를 먹을 수도 있다. 또 물고기를 먹지 않고 채식만 하는 것은 좋은 일이다. 그런데 걸식을 할 때, 물고기가 섞여 있는 음식을 준다면 이를 버리지 말고 받아서 먹어야 한다. 분소의를 입는 것도 참 훌륭한 일이다. 그러나 그런 분소의가 없다면 새 옷을 입을 수도 있다. 또한 나무 밑이나 동굴 속에서 생활하는 것은 참 훌륭한 일이다. 그런데 비 오는 날처럼 험한 날에는 사람이 살지 않는 빈집의 처마 밑에서 잘 수도 있다."

부처님이 데바닷타의 제안에 이렇게 덧붙인 말은 그 누가 듣더라도 합당한 얘기였어요. 아무리 좋은 일이라 하더라도 반드시 그렇게 해야 한다고 정할 수는 없습니다. 형편이나 상황에 따라 예외가 있을 수 있다는 것이죠.

데바닷타는 이 얘기를 듣고 자기의 의도가 이루어지지 않자 크게 실망해서 부처님을 해칠 계획을 세웠습니다. 부처님이 숲속에 혼자 있을 때 해치려고 사람을 고용했어요. 고용인은 혼자 명상 중인 부처님을 해치는 것은 쉬운 일이라고 생각했습니다. 하지만 막상 깊은 명상 중에 있는 부처님을 해치려고 다가갔을 때, 마음이 불안하고 떨려서 실행에 옮길 수가 없었습니다. 그러다가 결국 들고 있는 무기를 떨어뜨렸어요.

부처님이 그에게 이리 오라고 하고는 무슨 일인지 물었습니다. 그러자 그 남자가 사실대로 대답했습니다.

"부처님을 해치라고 어떤 사람에게 돈을 받고 왔는데, 마음이 불안해서 도저히 해치지 못하겠습니다."

이 말을 들은 부처님이 다음과 같이 말했습니다. "그렇다면 뒤쪽으로 빨리 도망가라. 만약에 네가 아래로 내려간다면 증거를 없애기 위해 숲속에서 대기하고 있는 사람들이 너를 죽일 것이다."

부처님의 말을 들은 그는 얼른 산 위로 피신했습니다.

이런 이야기들에서 당시 교단 안팎으로 부처님에 대한 시기와 질투, 그리고 비난을 넘어 해치려는 상황까지 있었다는 것을 알 수 있습니다. 하지만 부처님은 늘 평정심을 유지하고 있었습니다.

"여래에게는 두려움이 없다."

이는 상대가 아무리 험한 말과 폭력으로 해치려고 하더라도 부처님은 이들을 자비심으로 대했다는 뜻입니다.

우리는 타인으로부터 비난을 받거나 공격을 받으면 나도 모르게 자기방어를 하게 됩니다. 그런데 부처님은 타인의 비난을 두려워하지 않고 그런 사람들마저 자비심으로 모두 포용했습니다.

　우리도 이러한 부처님의 대응 방식을 본받아서 평화적으로 해결해야 합니다. 그 어떤 상황에 처하더라도 흥분하지 말고 차분한 마음으로 다른 사람의 비난에 민감하게 대응하지 않는 자세가 필요합니다.

5장

고뇌에서 벗어나면 내가 곧 부처다

쿠시나가르의 열반당

노병사에 걸림 없는 자유, 열반의 길

마지막 여로, 열반의 길을 나서다

부처님은 스물아홉 살에 출가해 6년간 고행을 하고, 서른다섯 살에 깨달음을 얻은 후 45년 동안 하루도 쉬지 않고 고통받는 대중을 만나 설법을 하다가 80세에 열반하셨습니다. 부처님의 마지막 여로, 열반의 길에 대해 살펴보겠습니다.

부처님의 마지막 여로는 영취산에서 나라가 망하지 않는 일곱 가지 법을 설해 아자타삿투왕에게 무력 침공을 멈추도록 한 것으로 시작합니다. 그 뒤 부처님은 죽림정사에서 승가가 망하지 않는 일곱 가지 법을 설하고 암발랏티까 동산과 날란다를 거쳐 파탈리푸트라에 이른 후 갠지스강을 건너 바이샬리에 도착했습니다.

　바이샬리에 이르러 망고나무 아래 앉아 쉬고 있었는데, 그 망고 과수원의 주인은 암라팔리라는 유명한 유녀였습니다. 암라는 인도 말로 '망고'라는 뜻으로 어릴 때 망고나무 아래 버려져 있던 아이를 주워 와 키운 데서 붙여진 이름입니다. 성장한 암라팔리는 너무나도 예뻐서 남자들이 서로 그 여인과 결혼하겠다고 나섰습니다. 그래서 나라에서는 암라팔리가 한 남자와 결혼하지 않고 모든 남자가 그녀를 공유하도록 유녀로 만들어 버렸습니다.

　암라팔리는 당시 그 지역에서 사교계의 여왕처럼 아주 유명한 유녀였습니다. 각국의 왕이나 돈 많은 장자들이 하룻밤 자고 가겠다고 청을 하는 유명한 기생으로, 500명의 유녀가 있는 유곽을 운영했다는 것으로 보아 그 유명세와 규모를 알 수 있습니다.

　당시에는 자기 망고나무 아래 수행자가 있으면 가서 인사하고 공양을 올리는 게 풍속이었습니다. 암라팔리는 부처님이 자기 망고 과수원에 있다는 얘기를 듣고 마차를 타고 와서 인사드리고 법문을 청했습니다. 부처님이 암라팔리를 위해 법을 설하자 그녀는 법문을 듣고 깨달음의 눈이 열렸습니다. 암라팔리는 너무나도 기뻐서 부처님에게 말했습니다.

"부처님과 제자들을 내일 아침 저의 집에 초대해서 아침 식사를 대접하겠습니다."

부처님이 침묵으로 승낙하자, 암라팔리는 다음 날 아침에 많은 사람의 공양을 준비해야 해서 서둘러 마차를 타고 돌아갔습니다.

때마침 그 나라 왕족들도 부처님이 오셨다는 소문을 듣고, 옷을 화려하게 차려입고 마차를 나눠 타고 부처님에게 인사를 하러 오는 길이었습니다. 그들은 중간에서 돌아가던 암라팔리와 마주쳤는데, 마음이 급한 암라팔리가 서둘러 가다가 수레 바퀴의 흙이 튀어 왕족들의 옷을 더럽히고 말았습니다. 마차를 타고 오던 사람들은 모두 왕족으로 이전부터 암라팔리를 잘 알던 손님들이기도 했습니다. 당시 유녀였던 암라팔리가 큰 잘못을 저지른 셈이었습니다. 왕족들은 화를 내며 말했습니다.

"대체 무슨 일이 있길래 우리 앞에서 조심하지도 않고 그리 서둘러 가는 거냐?"

암라팔리는 머리를 조아려 사과하면서 상황을 이야기했습니다.

"어르신들, 죄송합니다. 내일 아침에 부처님께 공양을 올리기로 하여 마음이 급해서 가다 보니 이런 큰 실수를 했습니다. 용서해 주십시오."

암라팔리의 말을 들은 왕족들은 신분도 낮은 암라팔리가 자기들보다 먼저 부처님에게 공양을 올리게 되었다는 사실을 받아들이기 어려웠습니다. 그래서 왕족들은 자기들끼리 상의한 뒤에 그녀에게 말했습니다.

"네가 먼저 부처님을 초대했다고? 공양을 올릴 수 있는 권리를 우리에게 넘겨다오."

당시 사회적인 상식으로는 당연히 암라팔리가 부처님에게 공양 올리는 권한을 왕족에게 넘겨주어야 했습니다. 하지만 암라팔리는 이를 거절했습니다. 그러자 왕족들이 일천 금을 줄 테니 자신들이 먼저 공양을 올리도록 해 달라고 했지만 암라팔리는 다시 거절했습니다.

"바이샬리 도시 전체를 준다고 해도 저는 양보하지 않겠습니다."

노래와 춤을 팔아서 돈을 버는 여성이었던 암라팔리가 부처님의 법을 듣고 깨달음의 눈이 열리자 이렇게 당당해진 것입니다. 암라팔리는 천금을 준다 해도, 이 도시를 다 준다고 해도 양보하지 않겠다면서 돌아갔어요.

왕족들은 부처님에게 인사를 드리고 다음 날 아침 식사에 초대했지만 부처님 역시 선약이 있다면서 거절했습니다. 여성은 사람으로도 취급하지 않던 당시 인도에서, 더구나 유녀인 암라팔리와 한 약속을 위해 왕족들의 초대를 거절한 부처님도 대단한 분이었습니다. 이는 부처님이 모든 사람을 평등하게 보았기 때문입니다. 암라팔리는 부처님과 제자들에게 공양을 올린 후 자신의 망고 동산을 승단에 보시하였습니다.

부처님은 그해 우기를 바이샬리에서 보냈습니다. 그런데 그해에 흉년이 들어 먹을 것이 없다 보니 다 함께 모여 안거를 보내기가 어려웠습니다. 부처님은 대중이 다 흩어져서 안거를 보내도록 했습니다. 그리고 부처님은 시봉 아난다와 함께 벨루바나 마을에서 마지막 안거를 보냈습니다. 안거 중에 부처님이 많이 아파서 아난다는 '부처님이 돌아가시지 않을까?' 걱정했습니다. 하지만 부처님의 유훈이 별도로 없었기 때문에 '돌아가시지는 않겠구나' 하고 혼자서 걱정하는 장면이 경전에 나옵니다.

한편 부처님은 '지금 내가 이 자리에서 열반에 든다면 제자들이 다 흩어져 있는 우기이므로 제자들이 곤란하겠구나' 생각하고 생명을 조금 연장하는 유수행留壽行으로 건강을 회복했습니다. 그리고 안거가 끝나자 대중을 모아 놓고 선언했습니다.

"3개월 후에 열반에 들겠다."

부처님은 북쪽으로 이동했습니다. 그리고 늙은 코끼리가 천천히 뒤를 돌아보듯이 바이샬리를 바라보면서 말했습니다.

"내가 바이샬리를 보는 것도 이것이 마지막이구나."

바이샬리 사람들은 부처님을 마지막으로 본다고 하니까, 슬픔을 억제하지 못해서 계속 부처님을 뒤따라갔습니다. 부처님이 간다키강을 건너갔는데도 사람들이 돌아가지 않고 멀리 강변에서 보고 있으니까, 부처님이 이별의 징표로 발우를 띄워 보냈습니다. 그들은 그 발우로 기념탑을 쌓았다고 합니다.

마지막 공양, 춘다의 공양을 받다

부처님은 북쪽으로 가다가 파바라는 마을에 이르렀습니다. 이 마을에서도 망고나무 아래 앉아 있었는데, 망고나무의 주인은 대장장이의 아들 춘다였습니다. 대장장이는 수공업자인데 천민에 속하는 직업입니다.

춘다는 자기 망고나무 아래 수행자들이 와 있다는 얘기를 듣고 찾아와서 부처님에게 인사를 올리고 법을 청했습니다. 부처님의 설법을 듣고 춘다의 마음이 열렸습니다. 너무 기쁜

나머지 춘다가 부처님에게 청했습니다.

"부처님, 부처님과 대중에게 내일 아침에 공양을 올리겠습니다."

부처님은 침묵으로 춘다의 공양을 승낙하셨습니다. 그런데 춘다가 돌아간 뒤 아난다가 걱정스러운 얼굴로 부처님에게 말했습니다.

"부처님, 춘다는 공양을 준비할 형편이 못 됩니다. 왜 승낙을 하셨습니까?"

부처님이 아난다에게 말했습니다.

"그는 공양 준비를 잘 할 것이다. 걱정하지 마라."

다음날 아침, 춘다는 정말 음식을 잘 준비했습니다. 그해는 가뭄이 아주 심해서 부처님도 암라팔리의 공양을 받은 뒤에 한 번도 대중공양을 받은 적이 없었습니다. 걸식을 갔을 때도 밥을 얻지 못하고 말먹이인 밀기울을 얻어먹은 적이 있을 만큼 그해 가뭄은 아주 심했습니다. 그래서 '가난한 춘다가 어떻게 많은 일행의 공양을 준비할 수 있을까?' 하고 아난다가 염려했던 것입니다. 그런데 춘다는 음식 준비를 잘 해 두었습니다.

공양을 할 때는 대중이 둘러앉아 있으면 음식을 준비한 사람이 돌아가면서 발우에 음식을 퍼 줍니다. 몇 종류의 음식을 퍼 준 뒤 마지막 음식을 퍼 주려고 할 때였습니다. 음식의 이름은 수카라-맛다바입니다. 부처님은 그 음식을 부처님 발우에 담고 난 뒤에 춘다에게 말했습니다.

"춘다여, 이 음식은 일반인이 소화하기가 어렵다. 그러니 이 음식은 대중에게 주지 마라. 땅에 파묻어라."

부처님은 공양이 끝나고 음식을 올린 춘다를 위해 설법을 해 주었습니다. 부처님은 설법을 마치고 아주 고통스러운 표정을 비치며 자리에서 일어났습니다. 그리고 아난다에게 말했습니다.

"아난다여, 속히 길을 떠나자. 배가 몹시 아프구나."

부처님은 가다가 설사를 했는데 피가 섞여 나왔습니다. 급성 식중독 증상이 나타난 것입니다.

부처님은 길을 가다가 카쿠타강에서 최후의 목욕을 한 후 자리를 펴고 아난다에게 물었습니다.

"지금 춘다는 어떠한가?"

아난다가 대답했습니다.

"춘다는 너무 걱정이 되어 대중 뒤에서 계속 울면서 따라오고 있습니다. 대중이 춘다는 부처님께 공양을 올렸지만 아무런 공덕이 없다고 말하고 있습니다. 그리고 춘다가 올린 공양을 먹고 부처님이 돌아가실지도 모른다고 춘다를 비난하고 있습니다."

부처님이 아난다에게 말했습니다.

"춘다를 여기로 오라고 해라."

부처님은 춘다를 옆에 앉히고 아난다에게 물었습니다.

"이 세상에서 제일 큰 공덕이 있는 공양이 무엇인가?"

그러자 아난다가 대답했습니다.

"부처님께 올리는 공양입니다."

부처님이 아난다에게 말했습니다.

"부처님께 올리는 공양 중에도 큰 공덕이 있는 공양이 두 가지 있느니라. 그것은 부처님이 정각正覺을 얻기 전에 올린 공양이다. 또 하나는 부처님이 열반에 들기 전에 올린 마지막 공양이다."

정각을 얻기 전에 올린 공양은 '수자타의 공양'입니다. 그리고 어떤 음식을 먹고 죽으면 그것이 마지막 공양이 됩니다. 부처님이 아난다에게 한 이 말로 인해 춘다는 부처님을 돌아가시게 만든 나쁜 놈에서 '부처님께 마지막 공양'을 올린 사람으로 바뀌었습니다. 그래서 춘다는 수자타와 맞먹는 최대 공덕이 있는 공덕주가 된 것입니다. 춘다의 얼굴에 근심과 걱정이 사라지고 대중의 마음속에 있던 의심도 다 풀어졌습니다.

우리는 독이 있는 음식을 먹고 토하거나 그 음식을 먹고도 괜찮을 수 있고, 미리 알고 안 먹을 수도 있습니다. 하지만 그 음식을 먹고 자기가 죽는다면 음식을 준 사람을 원망하지 않을 수 있을까요? 그런데 부처님은 춘다의 공양이 세상에서 제일 큰 공덕이 있는 공양이라고 격려했습니다. 이렇게 춘다는 부처님에게 마지막 공양을 올린 사람이 되었고, 후세 사람들이 큰 탑을 쌓아 춘다의 공양을 기념했습니다. 이것이 바로 부처님의 자비심입니다.

수밧다에게 팔정도를 설하다

부처님은 병든 몸을 이끌고 점점 북쪽으로 가다가 쿠시나가르에 이르러 사라나무 숲속으로 들어갔습니다. 두 그루의 사라나무 사이에 자리를 펴고 누워 아난다에게 말했습니다.

"오늘 저녁에 열반에 들겠다. 그러니 마을에 가서 나를 마지막으로 볼 사람이 있다면 누구든지 와서 보라고 해라."

그때 꽃이 필 때가 아닌데도 사라나무가 꽃을 피웠습니다. 사람들이 다 기이하게 생각하니 부처님이 다음과 같이 말했습니다.

"이것은 하늘의 신들이
여래의 열반에 마지막으로 올리는 공양이다.
그러나 아난다여,
이것은 제1의 공양이 아니다.
여래에게 올리는 제1의 공양은
여래의 가르침에 따라 수행 정진하는 것이다."

부처님의 가르침에 따라 수행 정진해서 괴로움이 없는 상태가 되는 것이 부처님에게 올리는 최고의 공양이라고 했습니다. 수행의 공덕은 그 어떤 자연의 신비한 현상과도 비교가 되지 않는다는 것입니다.

아난다는 부처님이 숲속에서 열반에 든다고 하니 걱정스러웠습니다.

"부처님, 이곳에 있는 말라족의 왕궁에서 열반에 드시지 왜 숲속에서 열반에 드시려고 합니까?"

아난다가 의문을 표하자 부처님이 말했습니다.

"아난다여, 그런 말은 하지 마라. 궁에서 열반에 들면 나를 보고 싶어도 들어올 수 없는 사람들이 있다. 하지만 이 숲속에서는 자기만 마음을 내면 아무런 계급 차별 없이 누구나 다 올 수 있다."

부처님은 사람을 만나는 데 차별을 두지 않았습니다. 아난다는 마을에 가서 사람들에게 알렸습니다.

"오늘 저녁에 여래께서 열반에 드신다. 친견할 사람은 친견하도록 하라."

마을 사람들이 부처님에게 와서 마지막 인사를 하는데, 너무 많은 사람이 와서 가족별로 인사를 하게 했는데도 밤이 깊어서야 끝났습니다.

아난다가 부처님이 조용히 열반에 들기를 바라면서 쉬고 있는데, 한 노인이 찾아왔습니다. 다른 종교 교파에 속한 수밧다라고 하는 120세의 수행자가 지팡이를 짚고 와서 부처님에게 물어볼 것이 있다며 아난다와 옥신각신하고 있었습니다.

"나는 지금 꼭 고타마를 만나야겠다."

아난다가 지금은 안 된다고 했지만 수밧다는 계속 부처님을 만나야겠다고 주장했습니다.

"궁금한 게 있는데 오늘 대사문이 열반에 든다고 하니, 오늘 안 물으면 앞으로 영영 못 물어보게 되지 않겠는가?"

아난다와 수밧다가 다투는 소리를 들은 부처님이 말했습니다.

"아난다여, 그 사람은 나를 귀찮게 하러 온 것이 아니라 모르는 것을 물어보려고 온 사람이다. 들여보내라."

수밧다는 누워 있는 부처님을 보자마자 시비조로 질문을 던지기 시작했습니다.

"이 세상에는 많은 스승이 있고, 그 스승들은 자기 나름의 주장을 하고 있습니다. 이 사람이 맞다고 하면 저 사람은 틀렸다고 하고, 저 사람이 맞다고 하면 이 사람이 틀렸다고 합니다. 도대체 누구 말이 맞고 누구 말이 틀렸는지 알 수 없습니다. 대사문께서 그들의 말이 다 틀린 것인지, 여기에 대해서 알고 있는 것이 있으면 부디 알려 주십시오."

부처님은 수밧다의 질문에 이렇게 대답했습니다.

"수밧다여! 나는 그들을 잘 안다. 그러나 마음속에 탐욕이 있고 성냄이 있고 어리석음이 있다면 무슨 말을 해도 그것을 신뢰하기 어렵다. 그들이 무슨 말을 했는지는 논하지 마라. 내가 너에게 말하리라.

여덟 가지 바른길을 가거라. 첫 번째, 바른 견해를 가져라. 사물을 있는 그대로 봐라. 두 번째, 바른 사유를 해라. 원인이 있으면 결과가 있고, 결과가 나타났다면 반드시 원인이 있다. 세 번째, 올바른 말을 해라. 네 번째, 행동을 바르게 해라. 다섯 번째, 생활을 바르게 해라. 여섯 번째, 부지런히 정진해라. 일곱 번째, 일어나는 마음 상태를 항상 알아차려라.

여덟 번째, 마음의 평정심을 유지하고 한곳에 집중해라."

수밧다는 늘 '이것이 맞나, 저것이 맞나?' 이렇게 생각해 왔는데, 그것이 그렇게 중요하지 않다는 부처님의 설법을 듣고 큰 깨달음을 얻었습니다. 수밧다는 제자가 되겠다면서 부처님에게 출가를 청했습니다. 그러자 부처님이 말했습니다.

"수밧다여! 우리 규칙은 이교도일 경우 3개월을 같이 살아 본 후에 계속 수행할 만한지를 보고 출가를 허용한다."

수밧다가 대답했습니다.

"3개월이 아니라 3년을 기다리라고 해도 저는 기꺼이 따르겠습니다."

수밧다의 대답에 부처님이 출가를 허용했습니다. 이렇게 수밧다는 부처님의 마지막 제자가 되었습니다.

제자들에게 마지막 설법을 하다

부처님이 오늘 밤 열반에 들리라고 선언한 후, 아난다가 마을에 가서 사람들에게 부처님의 열반에 대해 알리고 돌아왔을 때의 일입니다. 오늘 부처님이 열반에 들고 앞으로 계시지 않을 것을 생각하니 아난다는 마음이 너무 허전해서 부처님에게 여러 질문을 했습니다.

"우리는 무엇에 의지해야 합니까?"

부처님이 아난다의 질문에 대답했습니다.

"사념처四念處(觀身不淨, 觀受是苦, 觀心無常, 觀法無我)에 의지해라."

아난다가 다시 물었습니다.

"우리는 무엇을 생각해야 합니까?"

부처님이 대답했습니다.

"사성지四聖地(룸비니, 부다가야, 사르나트, 쿠시나가르)를 생각해라."

아난다가 부처님에게 질문했습니다.

"누구를 스승으로 삼아야 합니까?"

부처님이 대답했습니다.

"나의 가르침과 계율을 스승으로 삼아라."

"우리는 부처님께 공양을 올려서 큰 공덕을 지었는데, 부처님께서 열반에 드시면 어디에 공양을 해야 큰 공덕을 지을 수 있습니까?"

"아난다여, 걱정하지 마라. 부처님에게 올리는 공양의 공덕과 같은 것이 이 세상에 네 가지가 있다. 첫째는 배고픈 사람에게 먹을 것을 주고, 둘째는 병든 사람에게 약을 주어 치료하고, 셋째는 가난한 자와 외로운 자를 돕고 위로하고, 넷째는 청정하게 수행하는 이를 외호하는 것이다."

부처님과 아난다의 마지막 문답을 부처님 최후의 유훈이라고 합니다. 성경의 내용과도 많이 유사합니다. 예수님이 천국에 가는 기준으로 제시한 게 뭔가요? 내가 배고플 때 먹을 것을 주었느냐, 목마를 때 마실 것을 주었느냐, 헐벗었을 때 입을 것을 주었느냐, 아플 때 약을 주었느냐, 감옥에 갇혔을 때 면회를 왔느냐, 나그네가 되었을 때 영접했느냐, 이런 내용입니다. '세상에서 가장 작은 자 하나에게 이것을 베풀지 않는다면 곧 나에게 하지 않는 것이다'라고 말했습니다.

성인들의 가르침은 유사한 점도 많습니다. 우리가 배고픈 사람에게 음식을 주고, 병든 사람을 치료하고, 가난한 사람을 돕는 것이 부처님에게 올리는 공양과 같은 것입니다. 가장 작은 자 하나에게 베푸는 것이 곧 천국 가는 길입니다. 우리가 어떤 종교를 가졌는가가 중요한 것이 아니라, 부처님이나 예수님의 가르침대로 얼마나 실천하는가가 중요합니다.

부처님이 아난다에게 말했습니다.

"아난다여, 여래는 육신이 아니라 깨달음의 지혜다. 육신은 비록 너희 곁을 떠나지만 깨달음의 지혜는 영원히 너희 곁에 남아 있으리라"라고 말하며 위로했습니다. 그리고 마지막으로 제자들에게 말했습니다.

"물어볼 게 있으면 지금 물어보아라. 내가 열반에 든 뒤에 '그때 물어볼 걸' 하고 후회해도 소용없다. 지금 물어보거라."

제자들은 아무도 질문하지 않았습니다. 그러자 부처님이 다시 말했습니다.

"친구가 친구에게 묻듯이 편안하게 물어라."

그래도 제자들의 대답이 없자 아난다가 말했습니다.

"저희는 아무런 의심이 없습니다. 부처님께서는 이미 법을 설해 주셨습니다. 우리는 부처님의 법을 믿고 이해하고 있습니다."

그 말을 듣고 부처님이 마지막으로 말했습니다.

"세상은 덧없다.
부지런히 수행 정진하라.
낙숫물이 바위를 뚫듯이."

부처님은 이 마지막 말을 마치고 편안하게 열반에 드셨습니다. 부처님의 마지막 열반의 정황을 보면 우리가 보는 죽는 사람의 모습이 아니에요. 부처님은 숨이 넘어가는 마지막 순간까지 일상을 그대로 살았습니다. 죽음에 대한 아무런 두려움이 없었어요. 죽음에 대한 두려움이 있을 때는 죽은 뒤에 어디로 가는가를 논하지만, 죽음에 대한 두려움이 없으면 어디로 가는지를 논할 필요가 없습니다.

부처님이 열반한 후에는 어땠을까요? 열반 전에 아난다가 장례를 어떻게 치러야 하는지 물었을 때 부처님이 말했습니다.

"아난다여, 걱정 마라. 수행자는 장례 따위는 신경 안 써도 된다. 재가자들이 그들의 풍속대로 할 것이다."

부처님의 장례식을 재가 수행자의 풍속대로 할 것이라는 말은 재가 수행자들이 매장하는 풍속이 있으면 매장하고, 화장하는 풍속이 있으면 화장하고, 수장하는 풍속이 있으면 수장을 할 것이라는 뜻입니다.

부처님의 장례식은 쿠시나가르의 왕족인 말라족이 주도했습니다. 부처님이 왕족 출신이어서 말라족이 왕족의 풍속에 따라 화장을 한 것입니다. 그 소식을 들은 각 나라에서는 부처님의 유골을 가져가려고 사신을 파견했습니다. 샤카족은 부처님이 자기 종족이라고 하고, 콜리야족은 외손이라고 주장하며 서로 다투었습니다. 또한 바이샬리족은 부처님이 가장 아낀 마을이라고 주장하고, 아자타삿투왕은 자기가 부처님의 제자니까 부처님의 유골을 모셔야 한다면서 서로 유골을 가져가려고 해 싸움이 날 지경이었습니다.

이때 도나 브라만이 말했습니다.

"부처님은 평생 평화를 말씀하셨는데 여러분이 부처님의 사리를 갖고 다툰다는 것은 이치에 맞지 않습니다. 똑같이 여덟으로 나누도록 합시다."

도나 브라만이 이들에게 부처님의 사리를 똑같이 나누어 주었습니다. 그들은 각자 자기 나라로 사리를 모셔가서 기념탑을 쌓았는데, 이것이 여덟 개의 원형 탑이 되었습니다. 이것이 부처님 삶의 마지막 모습입니다.

부처님은 한 인간으로 태어나서 진리를 탐구하고 진리를 깨닫고, 그것을 세상 사람과 나누기 위해 숨이 넘어가는 순간까지 대중의 요구와 처지에 맞게 설법을 했습니다.

한 사람의 인간으로 이런 삶을 살기는 참으로 어렵기 때문에 후대 사람들은 부처님의 위대한 삶을 상징적인 내용으로 신비스럽게 묘사하였습니다. 과거 전생으로부터 한없는 공덕을 쌓고 수행했기 때문에 이생에서 위대한 부처가 되었다고 생각했습니다. 출생 모습에서도 부처가 되어 중생을 교화할 분이라고 상징적으로 묘사하고 있습니다.

한 나라의 왕자로 태어나 생활이 풍족했지만, 새가 벌레를 쪼아 먹는 걸 보고 고뇌하는 싯다르타, 결국 출가해서 수행 정진해 깨달음을 얻은 고타마, 그리고 그 깨달음을 대중에게 전해 대중도 괴로움 없이 행복하게 살 수 있도록 이끈 붓다는 2600년 전 인도에서 살아간 '한 사람'이었습니다. 붓다의 삶 속에는 계급 차별과 성차별을 뛰어넘어 평등을 몸소 실천해 보이신 분, 전쟁을 멈추고 평화로운 세상을 만들기 위해 몸을 나투신 분, 폭력과 비난 앞에서도 평정심을 가지고 자비를 베푸신 분, 이러한 모습들이 인격으로 담겨 있습니다. 부처님은 당시 인도에서 그 어떤 사람도 할 수 없었던 자유와 평등, 그리고 평화와 자비의 말과 행동을 보여 주었습니다. 누구나 다 행복하기를 원하셨던 고타마 붓다였기에 시대를 앞서 인간 해방을 선도한 혁명가 부처님이 되었던 것입니다.

교단 형성과 불법 전파의 역사

제1결집, 경과 율을 편집하다

어느 교단이든 위대한 성인이 돌아가시면 충격에 휩싸이듯이, 부처님이 열반에 드신 후 교단 안에서 작은 혼란이 있었습니다. 젊은 수행자 중 일부는 이렇게 말하는 사람도 있었다고 합니다.

"부처님이 '이러면 된다, 그러면 안 된다' 하면서 잔소리했는데, 이제부터는 우리 마음대로 행동해도 되지 않겠는가?"

마하카사파 존자는 이 얘기를 듣고 앞으로 시간이 흐르면 어떤 일이 벌어질지 우려했습니다. 그래서 빨리 부처님의 말씀과 계율을 정비해야겠다고 수행자들에게 제안했습니다. 부처님의 제자들은 너도나도 참가하겠다고 나섰지만 모두 참가할 수는 없어서 완전한 깨달음을 얻었다고 인정받은 아라한만 500명이 모이기로 결정했습니다. 이렇게 500명의 아라한이 라자그리하 밖에 있는 칠엽굴에서 경전 결집을 했습니다. 대중이 가까이 오면 집중이 되지 않으니 마을로부터 멀리 떨어진 산 위의 외진 곳에 모인 것입니다. 외진 곳에 모였으니 걸식하러 가는 게 문제일 수 있었는데, 마가다국의 아자타삿투왕이 3개월 결집하는 기간의 공양을 지원했습니다.

500명이 모여 부처님의 말씀인 경經을 편집하는 일은 부처님을 시봉한 아난다 존자가 초안을 내는 것으로 시작되었습니다. 아난다는 25년 동안 부처님을 시봉했으므로 부처님의 말씀을 가장 많이 들은 사람입니다. 아난다는 다음과 같이 시작했습니다.

"제가 언제, 어느 곳에서, 누구와 같이 있을 때 부처님께서 이런 말씀을 하시는 것을 들었습니다."

이렇게 반드시 육하원칙을 적용해서 부처님의 말씀을 전달했습니다.

그 말을 들은 500 아라한은 그 내용에 동의하거나, 뭔가

빠졌다면 보완을 하거나, 틀린 부분이 있으면 수정해 나갔습니다. 어느 경우든지 500 아라한 모두의 동의를 얻어야 인정을 받았습니다. 그리고 인정받은 내용을 다 같이 암송하면서 하나하나 정리해 나갔어요. 그러니 경은 비교적 정확하다고 할 수 있습니다. 한 사람이 들은 얘기를 쓴 것이 아니라 500명의 합의로 인정받은 것이니까요.

경이 진리에 대한 부처님의 설법이라면 실천 행위에 대한 부처님의 지침은 계율이라고 합니다. 율律은 부처님의 가르침대로 가장 잘 행했다고 하는 천민 출신의 우팔리가 초안을 냈습니다. 이후 과정은 경을 결집할 때와 마찬가지로 대중이 모두 동의하면 인정을 받는 방식으로 편집되었습니다. 이렇게 진리에 대한 부처님의 말씀인 경과 실천 행위에 대한 부처님의 지침인 율, 두 가지가 결집되었습니다.

그런데 이 결집에 참여하지 못한 사람들 중에서 결집된 경률에 이의를 제기하는 사람도 있었다고 합니다. 부처님은 미래에 이런 문제가 생기리라고 예상해 다음과 같은 원칙을 주었습니다.

"내가 열반에 든 뒤에 어떤 사람이 부처님께 혹은 어느 장로에게 이런 얘기를 들었다고 주장하면, 무조건 받아들이지도 말고 무조건 배척하지도 마라. 그 얘기를 잘 들어 보고 합법적으로 확인된 경률에 비추어서 내용이 일치한다면 받아들여라. 만약 내용이 일치하지 않으면 배격해야 한다.''

부처님의 500명 제자는 초기에는 견해가 약간 달라도 대부분 부처님에게 직접 감화를 받은 사람들이었기 때문에 경률을 결집하는 일이 비교적 무난하게 진행되었습니다. 이것이 '제1결집'입니다.

제2결집, 사회 변화를 반영한 주장이 일어나다

그 후 100년이 지나고 나니까 수행자가 많이 늘어나서 교단 규모가 커졌습니다. 사회적인 변화도 생기다 보니 계율에 대한 이의가 제기되기 시작했어요. 부처님 당시에는 일절 소유하지 않고, 분소의만 걸치고 걸식한 음식만 먹었습니다. 하지만 상업이 발달하고 화폐가 사용되니까, 수행자가 금전도 받을 수 있는가 하는 등의 문제가 제기되었습니다.

처음에 문제가 된 것은 소금을 보관할 수 있느냐는 것이었는데, 나중에는 금전을 받을 수 있느냐로 문제가 커졌습니다. 상인이 음식을 보시하려는데 음식이 없어 돈을 주면, 그 돈으로 음식을 사 먹을 테니 그것은 음식 보시와 같은 것이 아니냐는 문제가 제기된 것입니다. 당시 제기된 이런 문제는 열 가지가 있었는데, 특히 진보적인 도시인 바이샬리의 수행자들이 이런 문제를 많이 제기했나 봅니다.

　불멸 후 100년이 지나, 700명의 장로가 바이샬리에 모여서 제기된 문제들을 하나하나 검토했습니다. 경에 대해서는 이전에 빠진 부분들을 일부 인정해서 보완했어요. 그런데 장로들은 율에 대해서는 그렇지 않았습니다. 시대 상황을 반영한 비구들의 열 가지 주장을 모두 배격했어요. 이것은 제2결집을 주도한 장로와 열 가지 주장을 제기한 젊은 비구들 중심의 진보파들이 분열하는 계기가 되었습니다. 이것이 '제2결집'입니다. 제1결집과 제2결집은 문자로 기록한 것이 아니라 암송 결집이었습니다.

제3결집, 경율론의 완성으로 초기 불교를 이루다

　제2결집 후 다시 100년이 지났습니다. 아소카왕이 인도를 통일한 후 불교에 귀의하고 불법을 전파하기 위해 전법사들을 전 세계에 파견했습니다. 하지만 불교 종단은 계율 문제로 여러 분파로 갈라져서 화합이 잘 안 되고 있었습니다. 아소카왕은 수도인 파탈리푸트라 궁 안에 있는 절에 천 명의 장로를 모아 세 번째 결집을 하도록 했습니다.

제3결집에서는 경률經律만이 아니라 논장論藏도 편집했습니다. 시대에 맞게 경률에 대한 해석이 필요해지자 많은 고승이 해석을 붙였습니다. 그 여러 해석 가운데 인정받은 것이 논장입니다. 이제 법에는 경이 있고, 율이 있고, 논이 있었습니다. 이렇게 해서 초기 불교의 근간이 이루어졌습니다. 우리나라 고려 시대의 팔만대장경 안에도 경장, 율장, 논장 세 가지가 들어 있습니다.

하지만 시간이 흐르면서 부처님의 가르침인 경과 율에 대해 해석을 달리하는 사람들이 늘어나고, 논쟁하지 말라는 부처님의 가르침에도 불구하고 논쟁이 벌어지기 시작했습니다. 불교가 전파되는 지역이 넓어지면서 지역에 따라 다른 분파들이 형성된 것입니다.

처음에는 부처님의 가르침을 그대로 유지해야 한다는 상좌부와 시대에 맞추어 융통성 있게 조정해야 한다는 대중부, 이 두 교단으로 나뉘었습니다. 하나였던 교단이 두 개의 교단이 된 거죠. 이것을 근본 분열이라고 합니다. 그 후 대중부 안에서도 교단이 나뉘고, 상좌부 안에서도 다시 나뉘었습니다. 긴 역사 속에서 여러 부파가 생겨나기도 하고 사라지기도 하면서 20여 개의 부파가 형성되었다고 역사적으로 평가하고 있어요.

20여 부파 중에는 규모가 큰 것도 있고 작은 것도 있었지만, 모든 부파가 저마다 자기 부파가 부처님의 가르침에 가장 정통하다고 주장할 수밖에 없어 부파마다 경전을 재편집하고, 그것을 합리화하는 논장을 새로 만들고, 계율을 정비했습니다. 그러다 보니 같은 불교인데도 부파에 따라 강조하는 부분에서 차이가 나기도 했습니다. 이제 스님들이 출가해서 하는 일은 부처님의 말씀을 읽고 외우고, 자기 부파의 논장을 공부하는 것이 전부가 되었어요.

어릴 때 절에 들어와서 수십 년간 공부해야만 불교 전체를 공부할 수 있다 보니, 대중을 만나고 대중의 어리석음을 깨우치고 그들의 고뇌를 덜어 주는 역할을 거의 하지 못하게 된 것입니다. 후원자가 있어서 건물을 지어 방을 만들어 주니 스님들은 거기서 불경만 연구합니다. 그러다 보니 승려가 하는 일의 일부는 종교 지도자처럼 복을 빌어 주고, 일부는 학자처럼 전문적으로 불법을 연구하는 일이 되었습니다. 그래서 대중의 아픔을 쓰다듬고 대중을 깨우치고 하는 스승의 역할이 점점 줄어들었어요.

그런 수행자들을 보면서 대중은 부처님의 인격과 수행자

들의 인격이 일치하지 않는다고 느끼게 되었습니다. 그래서 재가 수행자들은 자기들끼리 모여 부처님을 그리워하면서 서로 돕는 신앙 공동체를 형성했습니다. 이때 일어난 새로운 불교가 대승불교 운동입니다.

기존의 스님들을 중심으로 한 승단에서는 대승불교 운동은 부처님의 가르침이 아니라고 하면서 비불설非佛說이라고 비판했어요. 하지만 대승불교인들은 자신들은 대승大乘, 큰 수레이고 기존의 불교는 소승小乘, 작은 수레라고 폄하했습니다. 우리가 사용하는 대승, 소승이라는 용어는 대승불교에서 쓴 용어일 뿐이며, 대승과 소승이 합의해서 사용하는 용어는 아닙니다. 오늘날 우리나라는 대승을 계승했으니까 기존의 불교를 소승이라고 하지만, 소승의 입장에서는 자신들이 근본이고 대승은 비불설이라고 보는 거죠.

인도 밖으로 불교가 전파되다

인도에서 대승불교가 새롭게 흥기한 후 대승과 소승, 두 개의 불교 모두 중국으로 전해졌습니다. 태국, 스리랑카, 미얀마, 라오스, 캄보디아, 베트남 남부, 말레이시아, 인도네시아 등의 남쪽으로는 소승불교가 전파되었습니다. 중국에는 대승과 소승이 같이 들어왔지만, 중국 사람들의 문화에서는 대승불교가 더 우위를 점하고 소승불교는 시간이 흐르자 점점 소멸되었습니다. 그래서 중국, 한국, 일본, 베트남은 대승불교권이 되었어요.

대승불교가 주장한 것은 처음에는 부처님의 원래 가르침으로 돌아가자는 것이었습니다. 부처님은 다음과 같이 말했습니다.

"진리라는 것은 과거로부터 전승된 윤리나 도덕, 관습이나 습관, 계율이나 경전에 의해서 검증될 수 없다."

대승불교는 이 말을 토대로 '이것이 진리다' 하고 정형화한다면 그것은 진리가 아니라는 것입니다. 그것마저 공空하다는 거예요. '어떤 것도 고정불변한 것으로 받아들인다면 그것은 부처님의 가르침에 어긋난다, 법도 공하다' 이런 관점에서 공 사상은 대승불교의 중심 사상이 되었습니다.

중국에서 불교는 초기에 큰 어려움을 겪었지만 남북조 시대에 들어오면서 빠른 속도로 발전했습니다. 특히 남조의 양나라에서는 왕이 불교를 국가적으로 후원했고, 수나라와 당나라에서는 불교가 국가의 중심 종교가 되었습니다.

중국 사람들은 불교가 중국에 처음 들어왔을 때는 불교를 이해하기가 어려워 불교와 비슷한 도교와 비교해서 불교를 해석하기도 했어요. 이것을 격의불교格義佛敎라고 합니다. 하지만 수당 시대에 오면서 불교를 있는 그대로 받아들일 수 있게 되었어요. 또한 중국의 대승불교도 시간이 흐르면서 여러 종파로 나뉘었어요. 《화엄경》을 중심으로 하는 화엄종, 《법화경》을 중심으로 하는 천태종 등 많은 종파 불교가 출현하면서 한쪽으로는 복을 비는 종교로, 다른 한쪽으로는 학문으로 발전해 나갔습니다.

이런 변화 속에서 다시 부처님의 바른 가르침을 몸으로 체험해야 한다는 새로운 불교 혁신 운동이 일어났습니다. 이것이 선불교禪佛敎입니다. 선불교는 기존의 모든 불교 종파를 '교敎'로 규정하고, 자신들이 주장하는 '선禪'이 부처님의 진실한 가르침이라고 주장했습니다. 그래서 그들은 '선은 부처님의 마음이고 교는 부처님의 말씀이다'라고 규정했지요.

교에 대한 선의 우위를 주장하는 선불교는 불립문자不立文字, 즉 언어와 문자만으로는 진리를 완전히 표현할 수 없고 오직 마음에서 경험해야 한다고 했습니다. 직지인심 견성성불直指人心 見性成佛, 자기 마음을 손가락으로 가리키듯 바로 알아차리면 그것이 곧 부처라고 주장했습니다.

과거 수많은 전생에서부터 한량없는 보살행을 해야 부처

가 된다고 하면 우리가 부처가 되는 것은 거의 불가능합니다. 그런데 선불교는 자기 마음을 알면 그게 곧 부처라는 파격적인 운동을 일으키니까 처음에는 당연히 사이비로 취급받았습니다. 그러나 국가가 불교를 옹호하고 절을 짓고 스님들에게 공양을 올릴 때는 대승불교가 성했지만, 왕조가 바뀌고 왕이 불교를 탄압하는 혼란한 시기가 되자 자기 마음을 관리하는 선이 빛나고 교는 지원 세력을 잃어 쇠퇴하게 됩니다. 이런 과정에서 중국과 동아시아 불교에서는 선이 주류로 등장했습니다.

우리나라에서 선이 주류가 된 것은 선종禪宗의 노력에 의해서만은 아니었어요. 조선 시대에는 불교를 탄압하면서 강제로 많은 종파를 교종敎宗 하나로 통합하고, 구산선문九山禪門을 선종 하나로 통합했습니다. 그래서 불교는 선종과 교종, 두 종파로 크게 분류되어 선교 양종이 되었습니다. 선교 양종은 후대에 가서 조계종 하나로 강제 통합되면서 선종이 중심이 되는 역사적인 과정이 있었습니다.

우리나라에는 가야 시대에 장유화상長遊和尙이 처음으로 불교를 전했습니다. 이것은 아직 학계의 공인을 받지 못했지만, 기원전 48년으로 중국보다 앞선 것입니다. 불교가 중국에서 고구려로 들어온 것은 372년, 백제에 들어온 것은 384

년입니다. 이후 고구려에서 신라로 전해져 한반도에 불교가 전래되었습니다. 통일신라 시대에는 오교五敎와 구산선문이 성립되면서 발전했고, 고려 시대에는 천태종과 선종 등 11종이 발전해 불교 국가가 되었습니다.

하지만 고려 말에 불교가 부패하면서 신진 사대부들이 주자학을 받아들이고 불교를 배격하기 시작했습니다. 이들이 세운 조선 왕조는 500년간 불교를 극심하게 탄압하였습니다. 종교 탄압의 어떤 역사도 이렇게 긴 시간 철저하게 탄압받은 경우는 드물다고 볼 수 있어요. 오늘날 한국 불교는 그 상처를 딛고 현대 문명과 결합하면서 인류의 미래에 대한 새로운 답을 제시해야 하는 과제를 안고 있습니다.

시대와 결합한 다양한 불교 운동이 일어나다

오늘날 불교는 인도와 동양을 벗어나 서양 문명과 결합할 뿐만 아니라 새로운 문명을 위한 운동, 즉 여성 해방, 계급 해방 등의 사회적인 사상을 반영해 원래의 불교로 돌아가자는 운동이 여러 곳에서 일어나고 있습니다. 가장 대표적인 것이 인도의 독립운동가이자 사회개혁운동가 암베드카르

(1891-1956)의 신불교 운동입니다.

암베드카르는 불가촉천민으로 태어났지만, 영국에서 유학하고 돌아와 독립운동을 하고 인도의 초대 법무장관이 되었습니다. 암베드카르는 인도의 독립운동사에서 간디와 쌍벽을 이룹니다. 간디는 영국으로부터 인도의 독립만 주장했지만 암베드카르는 민족 해방만으로는 안 되며 계급의 해방이 함께 이루어져야 한다고 주장했습니다. 새로운 나라가 계급 차별이 있는 사회라면 천민들에게는 독립이 아무런 의미가 없다고 주장하는 계급 해방론자였습니다. 힌두교는 계급 질서를 유지하기 때문에 힌두교를 믿는 한 진정한 계급 해방을 할 수 없다며 불교로 개종했습니다.

그가 속한 카스트의 사람들과 이 정신을 계승한 사람들이 연대해서 계급 해방을 강력하게 주장하는 신불교 운동을 계속 펼치고 있습니다. 오늘날 한국 불교만 보더라도 윤회 사상, 전생 업보설, 인과응보설 같은 의식을 가지고 있는데 이것은 인도 전통문화의 영향을 받은 것입니다. 암베드카르의 신불교 운동은 이러한 의식을 강력하게 반대하고 부처님의 원래 가르침인 자비와 평등에 기반한 민중 해방 사상을 주장하고 있습니다.

인도에서 일어나고 있는 신불교 운동은 사회주의 계급 해방과는 다른 인도판 계급 해방, 민중 해방을 주장하는 불교 운동인 거죠.

또 다른 여러 불교 운동도 있습니다. 대표적인 것이 달라이 라마로 상징되는 티베트의 비폭력 평화 운동입니다. 티베트는 중국의 침략 속에서 민족의 해방을 추구하고 있어 자칫하면 무장 투쟁으로 가기 쉽습니다. 하지만 달라이 라마는 부처님의 가르침에 따라 평화적으로 문제를 해결하기 위해 평화 운동을 하고 있습니다.

대만에 있는 자제공덕회는 비구니 증엄 스님이 시작했는데, 대만 내에만 400만 명의 자원봉사자가 있고 세계 화교들까지 포함하면 세계 최대 자원봉사 조직을 갖고 있습니다. 병원도 운영하고 방송국도 운영할 정도로 큰 규모입니다. 이 조직은 대만의 모든 쓰레기를 분리수거하는 환경 운동도 추진하면서 자원봉사 정신을 구현하는 새로운 불교 운동을 하고 있습니다.

또한 태국에는 산티 아속(Santi Asoke) 공동체가 있는데, 보시는 일절 받지 않고 자급자족하는 선농일치禪農一致의 수행 공동체입니다. 종교적인 행위로 복을 빌어 주고 보시를 받는 일은 하지 않고 자급자족하면서 수행 생활을 하겠다는 새로운 공동체인데 유기농으로 농작물을 생산해서 판매·보급하고 있습니다.

얼마 전에 돌아가신 베트남 출신의 틱낫한 스님은 베트남 전쟁을 반대하는 세계적인 반전 평화 운동을 했습니다. 틱낫한 스님은 전쟁이 끝난 후에는 마음의 평화를 얻기 위한 수행법을 세계적으로 전파한 분입니다.

이처럼 부처님의 원래 가르침으로 돌아가자는 정신에 입각해 세계 곳곳에서 다양한 운동이 일어나고 있습니다. 부처님이 당시 인도 사회에서 여러 사상이 혼재한 가운데 그것들을 융합해서 새로운 길을 열었듯이, 새로운 불교 운동도 현대의 과학, 기술, 사회 과학, 전통문화, 동서양의 만남, 다른 종교와의 만남 등이 혼재된 속에서 부처님의 가르침에 기반해 미래 문명에 필요한 새로운 길을 찾아야 합니다. 우리는 물질문명의 풍요로움 속에 살면서도 고뇌에서 벗어나지 못하는데, 그 문제 해결의 실마리를 부처님의 가르침에서 찾는 것이 앞으로 불교가 실천해야 할 최대 과제입니다.

고뇌에서 벗어나면 내가 곧 부처

사람은 누구나 행복할 수 있다

지금까지 부처님의 일생과 부처님 입멸 이후의 불교 역사를 살펴봤습니다. 이 과정에서 우리에게 가장 중요한 것은 2600년 전에 살았던 고타마 붓다를 통해 현재 우리가 어떤 삶의 교훈을 얻을 수 있을까 하는 것입니다.

부처님의 말씀 중에 '누구나 다 부처가 될 수 있다'는 것이 있습니다. 이것을 '불성佛性이 있다' 이렇게도 표현합니다. 이 말은 우리 마음속에 다이아몬드와도 같은 불성이라는 자아가 있다는 오해를 불러일으키기도 합니다. 하지만 자아가 있다고 하면 우파니샤드 철학에서 아트만이 있다고 하는 것과 같은 말이 됩니다. 부처님의 가르침은 그러한 자아라고 하는 실체가 없다는 무아사상無我思想이 핵심이죠. 그러면 누구나 불성이 있다는 말은 무슨 뜻일까요?

그것은 누구나 다 고뇌에서 벗어나 행복할 수 있다는 말입니다. 불교의 가르침에서 가장 핵심이 되는 목표는 '해탈과 열반'입니다. 해탈은 모든 속박에서 벗어났다는 것이고, 열반은 모든 괴로움이 사라졌다는 뜻입니다. 모든 괴로움이 사라진 상태, 괴로움이 없는 상태, 이것이 열반입니다. 저는 쉬운 말로 이것을 지속 가능한 행복이라고 말하고 싶습니다.

우리가 일반적으로 말하는 행복은 불행으로 바뀌는 행복입니다. 내가 바라는 게 있고 그것이 이루어지면 기분이 좋아집니다. 하지만 이 기분 좋음을 행복으로 삼으면 거기에 맞물려 있는 기분 나쁨이라는 불행이 반드시 되돌아옵니다. 그런 행복은 지속 가능하지 않습니다.

지속 가능한 행복은 괴로움이 없는 상태, 열반의 상태라고 말할 수 있어요. 행복과 불행이 되풀이되지 않는 거죠. 건강하다는 것은 어떤 걸까요? 몇 킬로그램의 역기를 들 수 있다, 달리기를 빠르게 한다, 이것이 건강하다고 말하는 기준일까요? 아닙니다. 아프지 않은 게 건강입니다. 아프지 않은 게 건강이듯이 괴로움이 없는 상태가 행복입니다.

이런 괴로움이 없는 상태는 누구나 다 이룰 수 있어요. 그런데 우리는 내 괴로움을 항상 남 탓으로 합리화합니다. 남편 때문에, 아내 때문에, 자식 때문에, 부모 때문에, 돈 때문에. 이렇게 무언가를 이유로 나는 늘 괴로울 수밖에 없다고 괴로움을 합리화하면서 자기를 괴롭히는 데 에너지를 씁니다.

하지만 조금만 살펴보면 관점을 옮겨 갈 수 있어요.

'그 사람이 욕을 하는데 왜 내가 화가 나지?'

'그 사람이 욕을 하는데 내가 왜 괴롭지?'

이렇게 살피면, 이것은 괴로울 일이 아님을 알 수 있습니다. 그 사람이 화가 나서 그렇게 얘기하는 것이고, 자기 관점에서 그렇게 얘기하는 것이라는 걸 알 수 있습니다.

그의 처지를 내가 이해하지 못하면 내가 화가 나거나 가슴이 답답합니다. 하지만 상대를 이해하면 답답한 내 마음이 사라지고 편안해집니다.

'그 사람이 저래서 저런 말을 하는구나.'

그 사람의 어떤 행동에 대해서도 '왜 저런 행동을 하지?' 하고 이해하지 못할 때는 답답합니다. 하지만 마찬가지로 상대를 이해하면 답답함이 사라집니다.

'아, 그래서 그랬구나.'

이처럼 우리는 상대가 내 마음을 이해하지 못해서 괴롭다고 하지만 잘 분석해 보면 내가 상대를 이해하지 못할 때 내 마음이 답답해지는 것입니다.

사랑하는 마음에는 괴로울 일이 없다

우리는 사랑을 못 받아서 괴롭다고 합니다. 하지만 사랑을 못 받아서가 아니라 내가 사랑하지 않기 때문에 괴로운 거예요. 우리는 이것을 크게 오해하고 있어요. 사랑하는 마음에는 괴로울 일이 없습니다. 우리는 사랑을 할 때도 투자를 하고 장사를 합니다.

'내가 널 사랑하니까 너도 날 사랑해라.'

이건 목표가 사랑하는 데 있는 것이 아니라 사랑받는 데 있는 거예요. 사랑을 받으려고 하는데 안 이루어지고, 도움을 받으려고 하는데 안 되기 때문에 인생이 괴로운 겁니다.

부부 상담을 하다 보면 부부의 마음이 처음과 달라지는 것을 느끼게 됩니다. 처음에 결혼할 때는 '덕 좀 보겠다' 하는 마음에 상대를 골랐는데, 살다 보니 '별로 덕 되는 게 없네' 하다가, 조금 더 지나니 '손해잖아. 그럴 바에야 같이 살아서 뭐 해?' 이렇게 생각이 바뀌는 걸 볼 수 있어요. 부부 관계도 이해관계예요. 내가 투자 개념으로 상대에게 접근해서 준 것보다 상대로부터 받는 게 적으니까 손해라고 생각되어 괴로워지는 거예요.

내가 꽃을 좋아하듯이, 산을 좋아하듯이, 바다를 좋아하듯이 하면 괴로움이 일어나지 않습니다. 내가 산을 좋아한다고 해서 산에게 내가 좋아하는 것을 알아 달라고 하지 않잖아요? 이런 관계에서는 사랑이 괴로움으로 되돌아오지 않습니다.

사랑받으려고 하지 말고 사랑해라.
이해받으려고 하지 말고 이해해라.
도움받으려고 하지 말고 도움을 주어라.
의지하려 하지 말고 의지처가 되어 주어라.

이러면 상대로 인해 괴로울 일이 없습니다.

마음이 움직이는 이치를 알면 괴로움이 사라진다

밭에서 두 사람이 일을 하는데, 멀리서 보면 누가 주인인지 누가 일꾼인지 알기 어렵습니다. 그런데 조금 가까이서 관찰해 보면, 금방 알 수 있습니다. 일이 끝난 뒤에 다른 사람에게 인사하면서 돈을 주는 사람이 주인입니다.

"오늘 수고하셨습니다."

이처럼 상대에게 주는 사람, 베푸는 사람이 주인이에요. 얻으려고 하는 사람은 종이거나 일꾼입니다. 의지하려 하고 사랑받으려 하고 이해받으려 하고 도움받으려 하면 어리석은 중생인 거예요.

어리석은 중생은 자신의 어리석음으로 자신의 고통을 스스로 만듭니다. 우리의 괴로움은 전생에 죄를 지어서도 아니고, 신이 벌을 준 것도 아니고, 사주팔자 때문에 생긴 것도 아니에요. 부부의 갈등은 궁합이 안 맞아서가 아니라 서로 자기 의견을 고집하고 이해관계로 다투기 때문에 생기는 거예요.

다른 사람을 나와 다르다고 인정해 주면 갈등이 일어날 일이 없습니다. 상대를 인정하는 것, 믿음이 다르고 성격이 다르고, 생각이 다르고 판단이 다르고, 가치관이 다르고 입맛이 다른 것을 그대로 인정해 주는 것, 그것이 존중이에요. 나와 다른 상대를 인정하고, 한 발 더 나아가서 이해하는 겁니다.

'그 사람 입장에서는 그럴 수도 있겠다.'

'그 사람 입장에서는 그렇게 말할 수도 있고, 그렇게 행동할 수도 있겠다.'

그 사람을 이해한다고 해서 그 사람이 무조건 옳다는 건 아니에요. 다만 그 사람의 입장에서 그럴 수도 있겠다고 받아들인다면 상대로 인해 나 자신에게는 화가 일어나지 않는 거예요.

내 마음속에서 일어나는 미움을 참는 것으로 수행을 삼는 게 아니라 나와 다른 상대를 인정하고 이해하면 미워할 일이 없어지는 거예요. 이처럼 마음이 어떻게 움직이는지 이치를 알면 수행이라는 것은 그다지 어려운 게 아니에요. 부처님은 상대가 욕을 할 때 빙긋이 웃었습니다. 욕하는 그 사람을 이해하니까 빙긋이 웃었던 거죠. 우리도 나 자신이 괴롭지 않고 자유로운 사람이 되기 위해서는 이런 마음의 이치를 먼저 알아야 합니다. 이 법을 알면 스트레스 받지 않고 행복하게 세상을 살아갈 수 있습니다.

우리가 문제 삼는 건 대부분 상대적인 겁니다. 밥 먹고 살 만한데도 다른 사람과 비교해서 내 돈이 더 많으면 내가 부자라고 느낍니다. 이것이 '타인의 불행 위에 자신의 행복을 쌓는다'고 한 부처님의 말씀이에요. 우리는 지금 이런 삶을 살고 있습니다.

또 우리는 사람을 차별하고 있습니다. 여자로 태어나고, 장애인으로 태어난 것은 죄가 아닙니다. 가난하게 사는 것도 죄가 아니에요. 우리는 이런 것을 전생에 죄를 지어서 그렇다는 식으로 이야기하며 합리화합니다. 가난을 합리화하고 차별을 합리화하는 것이 우리의 현실입니다.

하지만 모든 존재의 본질은 각자 특성을 가지고 있고 우리는 그 존재를 있는 그대로 인정하면 됩니다. 부처님의 가르침은 모든 존재가 다를 뿐이지 귀하고 천하고 옳고 그른 것이 아니라는 것입니다. 우리는 잘못된 인식으로 차별을 하면서 마치 실제인 양 착각하고 있는 거예요. 거짓의 차별성에서 진실의 평등성으로 나아가는 과정이 정의라고 할 수 있습니다.

부처님의 법을 공부하면 우리 사회의 모든 문제를 해결할 수 있다고 생각하지는 않아요. 하지만 부처님의 법을 이해함으로써 고정된 가치관, 잘못된 믿음을 좀 내려놓으면 자기 것만 옳다고 고집하는 배타성은 내려놓을 수 있지 않을까요?

부처님의 법을 배우면서 우리사회에서 개선해야 할 게 있으면 이를 위해 실천하는 것이 중요합니다. 실천의 첫 단계로 자기 자신부터 먼저 바른길을 가는 계율을 지켜야 합니다. 두 번째로는 다른 사람에 대해서는 좀 기다려 주는 자세가 필요합니다. 그들을 내버려두는 것이 아니라, 우리도 뭔가를 할 때 알아도 잘 안 될 때가 있듯이 그들이 지금 못하는 것도 그럴 수 있다는 겁니다. 그것을 지켜봐 주는 마음이 있을 때 내 마음이 편안해집니다. 세 번째로는 개선하기 위해서 노력을 해야 합니다.

개인의 행복을 위해서는 사회적 토대도 필요하다

세상에 태어난 사람은 누구든 행복할 권리가 있습니다. 행복하게 살기 위해서 개인의 실천도 필요하지만 사회적 실천도 있어야 합니다. 사람은 혼자만 사는 게 아니라 가정, 사회 같은 공동체에서 여러 사람과 함께 사니까요. 부처님은 공동체의 화합을 위한 조건으로 여섯 가지를 말했습니다. 화합을 말한다고 해서 화합이 되는 게 아니에요. 화합이 안 될 때는 항상 그 여섯 가지 중 한 가지 이상에 문제가 생겼다고 했습니다.

첫 번째는 같은 계율을 다 같이 지키라는 겁니다. 열 명이 같이 살면 정해진 규칙을 똑같이 적용해야 합니다. 만약 누구에게는 적용하고 누구에게는 적용하지 않으면 마음속에

분별이 생기고 갈등이 생깁니다. 요즘 말로 하면 '법 앞에 만인이 평등하다'고 할 수 있겠죠.

두 번째는 자주 모여서 의논하라는 거예요. 민주주의라고 할 수 있어요. 우리는 견해도 다르고 생각이 다르니까 자주 모여서 의논하고 결정해야 하는데, 누군가가 일방적으로 결정하면 오해도 생기고 불만이 생깁니다. 구성원의 책임감도 없어지겠죠.

세 번째는 보시받은 공양물을 똑같이 나누라는 것입니다. 요즘 식으로 말하면 경제적 평등입니다. 공동체에서 누구는 많이 갖고 누구는 적게 갖고, 누군 좋은 거 갖고 누군 나쁜 거 가지면 불만이 생길 수밖에 없습니다. 공동체 안의 경제적 평등은 매우 중요합니다. 불평등이 존재한다면 반드시 갈등이 생길 수밖에 없습니다.

네 번째는 같이 모여 함께 살라는 겁니다. 따로 살지 말고 같이 모여 살라는 것은 서로를 다 볼 수 있도록, 즉 투명하게 살라는 의미입니다. 투명하면 오해가 생기지 않습니다. 요즘 기회의 평등, 과정의 평등, 결과의 평등을 얘기하죠. 기회가 똑같이 주어져야 하고, 과정은 공정해야 하고, 결과에 대한 배분은 누구나 납득할 만해야 해요.

다섯 번째는 말을 항상 웃으면서 부드럽게 하라, 자비롭게 하라는 거예요. 사람이 말로 의사소통을 하니까 공동체에서 말을 날카롭게 하거나 비난하면 상처를 입고 갈등이 생기니, 공동체의 화합을 위해 필요한 조건입니다. 사람이 같이 살 때는 말이 그만큼 중요합니다.

마지막으로 여섯 번째는 남의 뜻을 존중하라는 겁니다. 옳고 그른 것을 따지지 말고, '저 사람 입장에서는 그럴 수도 있겠구나' 하고 상대의 뜻을 존중하는 게 필요하다는 말이에요. 결국 나와 다른 상대를 인정하는 것입니다. 한국에는 여러 다른 종교가 있습니다. 타인의 믿음을 존중하는 것이 필요하죠. 문화가 다를 때는 상대의 문화를 존중하는 것이 필요하고, 사상과 이념이 다를 때는 상대의 사상과 이념을 존중하는 것이 필요합니다. 믿음이나 종교, 사상, 이념 같은 것은 개인이 가진 자유의 영역이기 때문에 강요해서는 안 됩니다.

이 여섯 가지가 실현되면 우리 사회의 대립과 갈등이 많이 사라지지 않을까요? 부처님의 가르침은 특정한 지역에만 적용되거나 예전 시대에만 국한된 이야기가 아닙니다. 오늘날 우리 사회, 우리 공동체에도 유효하게 적용되는 가르침이에요.

흔히 민주주의, 평등사상, 인권 존중 사상이 서양에서 왔다고 생각하지만, 부처님의 가르침에 원래 포함되어 있었습니다. 이미 2600년 전에 부처님이 제시했고 사회적으로 일부가 실천되기도 했습니다. 그 실천이 확장되지 못하고 아쉽게 맥이 끊긴 것은 중세 봉건 시대를 거치면서 남성 중심의 가부장 제도나 신분 제도 같은 것들이 부처님의 가르침을 왜곡했기 때문입니다.

혁명가 붓다를 만나다

민주화되고 자유로운 시대야말로 부처님의 본래 가르침이 사람들에게 그대로 적용될 수 있는 시대입니다. 우리가 살고 있는 지금의 시대는 가장 바른 것이 가장 보편적인 것이 될 수 있기 때문입니다. 물질적으로는 그 어느 때보다도 풍족하지만 정신적으로는 결핍을 느끼는 오늘날, 부처님의 가르침이 우리가 행복으로 가는 데 큰 역할을 해 줄 대안이 되지 않을까 생각합니다.

지금까지 한 사람의 수행자로 살다 간 인간 붓다, 소외된 사람에게 자비로운 붓다, 시대를 뛰어넘은 파격적인 혁명가로서의 붓다를 현대적 관점에서 재조명해 보았습니다. 저는 청년기에 불교를 만났다가 어느 시점에 현실의 불교에 실망하기도 했지만, 부처님의 일생을 다시 공부하면서 재발심했습니다.

그렇게 부처님이 한 사람으로서 어떤 삶을 살았는지 역사적 배경과 사회적 배경을 공부하고, 부처님에 대한 기록 가운데 신화적인 부분은 제거하고 인류 문화사적인 관점에서 살펴보았습니다. 당시 인도라는 사회 속에서 살아간 한 인간으로서의 붓다의 삶을 살펴보면서 저는 부처님이 진정한 혁명가였다는 사실을 깨닫게 되었습니다. 물리적인 힘으로 사회를 변화시키는 혁명가가 아니라, 우리의 어리석음을 깨우쳐서 새로운 세계를 열어 주는 정신적 혁명가였어요. 그것도 그냥 혁명가가 아닌 대혁명가였습니다.

이 책을 읽는 여러분들도 제가 발견한 '혁명가 붓다'의 가르침을 지금 우리 시대의 문제를 극복할 대안으로 삼았으면 좋겠습니다.

현재 우리가 당면한 인류 공동체의 붕괴, 자아 상실의 시대, 나아가 지구 환경 파괴 같은 문제를 어떻게 극복할 것인가라는 질문을 던지며 이 글을 마칩니다.

부처님이 가장 오랫동안 머물렀던 사왓티의 기원정사 터

혁명가 붓다

ⓒ 법륜, 2025

초판 1쇄 발행 2025년 4월 30일
초판 3쇄 발행 2025년 5월 20일

지은이 　법륜

펴낸이 　김정숙
기획 　이상옥 정연서
편집 　박선영 박해련 신미경 정혜련

펴낸곳 　정토출판
등록 　1996년 5월 17일 (제22-1008호)
주소 　서울특별시 서초구 효령로51길 42(서초동)
전화 　02-587-8991
팩스 　02-6442-8993
이메일 　jungtobook@gmail.com

ISBN 　979-11-87297-82-6 (03220)

이 책의 판권은 지은이와 정토출판에 있습니다. 이 책 내용의 전부 또는 일부를 재사용하려면 반드시 양측의 서면 동의를 받아야 합니다.